平凡社新書
774

『日本残酷物語』を読む

畑中章宏
HATANAKA AKIHIRO

JN181514

HEIBONSHA

『日本残酷物語』を読む●目次

はじめに

いまから半世紀以上前、「残酷」という言葉をタイトルに入れた全七巻からなるシリーズが、「残酷」ブームを巻き起こした。昭和三十四年（一九五九）から三十六年（一九六一）にかけて平凡社が刊行した『日本残酷物語』は、第一部から第五部と名づけられた五巻と、「現代篇」二巻で構成される。

『日本残酷物語』が刊行されたのは戦後十五年ほどが経過し、日米安全保障条約改定にたいする反対運動で世情が騒然としていた時代だった。日本は敗戦からの復興を遂げ、昭和三十九年（一九六四）開催の東京オリンピックを控えて、高度成長の坂道を登りつつあった。そのような時期に、民俗学者の宮本常一と編集者の谷川健一を中心とする人々は、日本の近世、近代、そして現代の民衆の歴史を、残酷物語と銘打ち、世に問うたのである。

『日本残酷物語』は、四六判上製（角背・クロス装）で函入り、各巻には月報が付く。目次裏には「監修」「執筆」「カット」「装幀」「編集」をした人々の名前がクレジットされている。監修者は宮本常一、山本周五郎、楫西光速《かじにしみつはや》、山代巴《ともえ》の四人、執筆者として各巻二十数人の名前が列挙される。カットは山本忠敬《ただよし》、装幀は佐藤仁。編集は谷川健一、小林祥一郎、児玉惇《あつし》の三人である。

全七巻は第一部『貧しき人々のむれ』、第二部『忘れられた土地』、第三部『鎖国の悲劇』、第四部『保障なき社会』、第五部『近代の暗黒』、現代篇1『引き裂かれた時代』、現代篇2『不幸な若者たち』からなる。平成七年（一九九五）には平凡社ライブラリー版が刊行された（現代篇をのぞく五巻）。なおライブラリー版では、「執筆」は「執筆協力」と変更され、収録写真が割愛された。

『日本残酷物語』の第一部『貧しき人々のむれ』の巻頭には「刊行のことば」が掲げられている。やや調子の高い文体で綴られたこの〝宣言文〟は、企画編集者の谷川健一が筆をとり、監修、執筆の中心人物である宮本常一の同意を踏まえて収録されたものであろう。この文章には『日本残酷物語』のコンセプトがよくこめられている。

これは流砂のごとく日本の最底辺にうずもれた人々の物語である。自然の奇蹟に見離され、体制の幸福にあずかることを知らぬ民衆の生活の記録であり、異常な速度と巨大な社会機構のかもしだす現代の狂熱のさ中では、生きながら化石として抹殺されるほかない小さき者の歴史である。民衆の生活体験がいかに忘れられやすいか――

現代は「むざんな忘却の上に組み立てられた社会」である、と「刊行のことば」はつづく。敗戦後わずかな時間のうちに、戦時中の召集令状や衣料切符、戦後の新円貼付証紙を保存しているものはほとんどいない。こういった「小さき者たちの歴史」が、地上に墓標すら残さなくなる日が目の前に迫っている。だからこそ「最底辺の歴史」を記録にとどめておく必要があり、それが今日ほど切実なことはない、というのである。

『日本残酷物語』の主題旋律は、「民衆自身の生活にとって、納得しがたいことがいかに多いか、しかもそれらがいかに忘れ去られてゆくか」であるという。そしてこの納得しがたい「物語」の主人公は、生活の糧を得るため、「地獄に近い地底」に降りてゆかなければならない「小さなものたち」であった。こういった体制の最底辺にあるものたちこそ最も反体制的であり、体制を批判する人間の自由をどん底でやむを得ず摑んだのである。

ゆえに『日本残酷物語』は非日常的な特殊な事件とはまったく無縁であり、つねに日常的な姿勢のもとに、ごくあたりまえの民衆層に受けとめられた生活の断面なのである。わたしたちは、追いつめられた民衆がこの断面に施したさまざまの陰刻から、もっとも強烈な生の意味を汲みとろうとする。(「刊行のことば」)

こうした願望を集大成した最初の試みとして、『日本残酷物語』は世に送りだされた。そして私は、刊行から五十年以上経った今日、改めて『日本残酷物語』を読みなおしてみたいと思う。ここに描かれた「小さき者たちの歴史」「最底辺の歴史」に、いまなぜ注意を向ける必要があるのか。その理由は、本書を読みすすめていくうちに明らかになることだろう。

第一章　宮本常一と谷川健一

1、「残酷」とはなにか

さまざまな「残酷」

昭和三十五年（一九六〇）一月二十九日、『日本残酷物語』の創刊を記念して、美術家の岡本太郎、作家の深沢七郎、そして宮本常一の三人による座談会がおこなわれた。そのようすは同年三月刊行の雑誌『民話』第十八号に、「残酷ということ――「日本残酷物語」を中心に」と題して掲載。この鼎談で口火を切ったのは、デビュー作『楢山節考』で時代の寵児となっていた深沢七郎であった。

残酷、残酷というけれど、このごろのはやりことばのようにぼくは感じますね。何かいままでぼくはウバ捨てを残酷だとは思わなかったですけれど、あれが小説に出てから、残酷といわれて、「そうかなあ、残酷かなあ」と思いましたね。――残酷だったんだなあと――あとで自分でみとめますけれどね。

この座談会は「残酷」という言葉をめぐって、ふたりの表現者と、編著者の宮本が討議するという趣旨で企画されたものだろう。掲載誌の『民話』は、『夕鶴』で知られる劇作家木下順二らが昭和二十七年（一九五二）に結成した「民話の会」の機関誌で、昭和三十三年十月から三十五年九月まで未来社から刊行（通巻二十四号）。その編集委員には宮本常一も名を連ねていた。

深沢は、『日本残酷物語』創刊の三年前、昭和三十一年（一九五六）に、小説『楢山節考』で第一回中央公論新人賞を受賞し、翌年一月には同名の作品集を刊行した。戦後の日本人が、近代以前の因習《いんしゅう》固陋《ころう》として目を背けてきた棄老の風習、ある年齢に達した老人を山に捨てにいくという習俗を文学化し、大きな話題を巻きおこしたのである。

第一回中央公論新人賞の選考委員は、伊藤整、武田泰淳、三島由紀夫の三人だった。この異色の小説について、受賞作を掲載した『中央公論』昭和三十一年十一月号は、三人に座談会形式で選評を語らせている。伊藤整はそのなかで、『楢山節考』が描きだす価値観について、同年一月に第三十四回芥川賞を受賞した石原慎太郎の『太陽の季節』をもちだし、次のように述べる。

これ（『楢山節考』）を発表しても、不道徳なものだという読者や、批評家は出てこないと思うんだ。『太陽の季節』だと不道徳だとか何とかいうけれども、残酷を不道徳といえば、これの方がずっと残酷だし、不道徳だ。（略）昔から人間はこうしてやってきたんだ、『太陽の季節』なんか、子供のときからみなやっていることなんだ。それをみなびっくりして、現在の目の先の道徳だけで反撥している。

伊藤はここで、「不道徳」という言葉を用いて『楢山節考』と『太陽の季節』を比較し、「残酷」について語っている。「残酷ということ」座談会における深沢の発言も、日本の民衆と彼の、深い結びつきを背景にしたものだった。そして宮本は、深沢が『日本残酷物語』を読んで、「残酷とは感じなかった」といったことにたいして、次のように応じたのである。

……東北の方へまいりますと、人が死んだりなんかしましょう。そのときのアイサツに「残酷でござんした」とか「残酷でございました」とかいうように、いい、つかっているんです。例えば、「おきのどくでございました」というようなのと同じような意味ですね。（中略）それがどういう意味で使われているかというと、自分の意思ではないのにそうなっていったというような場合に使っているんです。そしてわたしはそのことばには非常に愛着を持っているんです。

『日本残酷物語』第一部『貧しき人々のむれ』で、棄老の風習は、「姥捨伝説を小説にした深沢七郎の『楢山節考』は多くの読者の感銘を呼んだものであるが、そうした老人を捨てる話はけっして単なる口碑だけではなかったようである」と説明されている。そして、日本では平時にも非常時にも、老人が捨てられることは少なくなかったという。

その一例として『遠野物語』に収められた「デンデラ野」にまつわる話が引かれる。「デンデラ野」は集落のはずれにあるわびしい野原で、夜更けにそこから異様なすすり泣きや馬の足音などが聞こえるときは、村に死人が出るといわれてきた。そして昔は、老人が六十歳になると、死の予兆を告げるこの野原に捨てにいかれた……。『遠野物語』はいうまでもなく、民俗学者の柳田国男が岩手県遠野出身の佐々木喜善からの聞き書きをまとめ、明治四十三年（一九一〇）に刊行した民譚集のことである。『遠野物語』は初版のあと、昭和十年（一九三五）に増補版を刊行。その際に追加された「拾遺」篇も含めて、『遠野物語』のなかでは棄老の地「デンデラ野」は次のように紹介されている。

山口、飯豊、附馬牛の字荒川東禅寺および火渡《ひわたり》、青笹の字中沢ならびに土淵村の字土淵に、ともにダンノハナという地名あり。その近傍にこれと相対して必ず蓮台野という地あり。昔は六十を超えたる老人はすべてこの蓮台野へ追い遣るの習ありき。老人はいたずらに死んで了うこともならぬ故に、日中は里へ下り農作して口を糊《のり》したり。そのために今も山口土淵辺にては朝《あした》に野らに出づるをハカダチといい、夕方野らより帰ることをハカアガリと云うと云えり。

（『遠野物語』第一一一話）

……青笹村のデンデラ野は、上郷村、青笹村の全体と土淵村の似田貝、足洗川、石田、土淵等の部落の老人達が追い放たれたところと伝えられ、方々の村のデンデラ野にも皆それぞれの範囲が決まっていたようである。土淵村字高室にもデンデラ野と呼ばれているところがあるが、ここは、栃内、山崎、火石、和野、久手、角城、林崎、柏崎、水内、山口、田尻、大洞、丸古立などの諸部落から老人を棄てたところだと語り伝えている。

（『遠野物語拾遺』第二六八話）

『遠野物語』本篇「第一一一話」では、「デンデラ野」は「蓮台野」と記される。蓮台野は鳥辺野《とりべの》や化野《あだしの》とともに、平安京の北西に設けられた葬送地で、柳田は棄老の地を、都に由来すると考えていたことがわかる。

『日本残酷物語』ではさらに、東北地方の日本海沿岸には「オジ捨森」や「オバ捨森」という地名が残っていることが紹介される。秋田県男鹿半島の戸賀には「オジ捨森」があり、そこは集落の東の丘陵の、民家からそれほど離れていないところに位置する。この森は、天保七年（一八三六）から三十七年間におよぶ大飢饉の際、「食うだけで働きのない老人」を捨てにいったところなのだという。

このような地名由来伝承に続けて、また異なる角度から語り伝えられた棄老伝承についてふれられる。それは山や森に棄てられにいく老母が、自分を背負った子どもが帰り道で迷わないように、山や森の道筋の木の枝を折って目印にしたという言い伝えで、母から聞いたその子は肉親の愛を感じ、また背負って戻ったというのである。しかし、『日本残酷物語』の著者は、こういった逆説的な「敬老譚」が成立した背景には、現実において老人を「粗末にする風習」が一般的であったことを示唆するものだ、と指摘する。

「美」と「残酷」

岡本太郎は、昭和二十九年（一九五四）に刊行した『今日の芸術――時代を創造するものは誰か』が現代美術家の著作としては異例のベストセラーとなり、文筆家としても注目を浴びるようになった。その後も『日本の伝統』（一九五六年）、『芸術と青春』（一九五六年）、『日本再発見――芸術風土記』（一九五八年）などの著作を次々と刊行。また昭和三十一年には松竹セントラル劇場のモザイク・タイル壁画「青春」、大和証券ホールの陶板レリーフ壁画「踊り」、丹下健三設計の東京都庁（旧・東京有楽町）の陶板レリーフ、昭和三十三年には国鉄（現・JR）神田駅地下道のモザイク・タイル壁画を制作するなど公共的な仕事でも引くてあまただった。昭和三十四年には武智鉄二演出のオペラ「ローエングリン」（東京国立競技場）の美術を担当した。そんな岡本は、『民話』の座談会で、当時の自分の関心に引きよせて次のような話をしている。

……ぼくは今、「沖縄論」を書いているんですけれどね、そのトップに今度の「日本残酷物語」の最初に出てくる炭焼きの話、柳田国男さんの文章をそのままひかせてもらったんですよ。これは非常に美しい。いかなる自然よりもなお自然であるという意味で。

岡本の「沖縄論」というのは、雑誌『中央公論』で昭和三十五年（一九六〇）から五月号、七月号、十一月号、十二月号と断続的に掲載された。翌三十六年に『忘れられた日本――沖縄文化論』と題して刊行されるこの連載の第一回「沖縄の肌ざわり」で、岡本はたしかに、柳田国男の文章を引用している。この「炭焼きの話」というのは、大正十五年（一九二六）に刊行された『山の人生』の第一話のことである。「今では記憶している者が、私のほかには一人もあるまい」で始まるこの話は、「世間のひどく不景気であった年」に、西美濃の山中でおこった事件にもとづいたもので、「五十歳ばかりの」炭焼きの男が、食べるにも困って、二人の子どもを殺してしまうという陰惨な出来事であった。

……何としても炭は売れず、何度里に降りても、いつも一合の米も手に入らなかった。最後の日にも空手で戻って来て、飢えきっている小さい者の顔を見るのがつらさに、すっと小屋の奥へ入って昼寝をしてしまった。

眼がさめてみると、小屋の口いっぱいに夕日がさしていた。秋の末の事であったという。二人の子供がその日当たりの処にしゃがんでいた。しきりに何かしているので、傍へ行ってみたら一生懸命に仕事に使う大きな斧を磨いていた。阿爺、これでわしたちを殺してくれといったそうである。そうして入口の材木を枕にして、二人ながら仰《あお》向《む》けに寝たそうである。それを見るとくらくらとして、前後の考えもなく二人の首を打ち落としてしまった。それで自分は死ぬことができなくて、やがて捕えられて牢《ろう》に入れられた。

（柳田国男『山の人生』一　山に埋もれたる人生ある事）

柳田国男は「仔細《しさい》あってただ一度、この一件の書類を読んでみたことがある」という。それは法制局参事官を務めていた時代に、「特赦に関する事務」を扱うなかで公判記録として読んでいたのである。そして「今はすでにあの偉大なる人間苦の記録も、どこかの長持の底で蝕み朽ちつつあるであろう」と記す。

注意すべきはここで、柳田が「人間苦の記録」という言葉を用いて、民衆の「残酷」を形容しているところだろう。「人間苦の記録」というのは彼が民俗学をおしすすめていくうえで、重要なモチーフのひとつだったのである。

岡本太郎の「沖縄文化論」が、単行本化に際して『忘れられた日本』と改題されたのは、ブルーノ・タウトの『忘れられた日本』（篠田英雄編訳、中公文庫、一九五二年）と、宮本常一の『忘れられた日本人』（一九六〇年）をおそらく意識してのことだろう。それはともかく、岡本は柳田の「炭焼きの話」を座談会の席で絶賛するのである。

私はかつてない衝撃をうけた。――人間生命の、ぎりぎりの美しさ。それは一見惨めの極みだが、透明な生命の流れだ。いかなる自然よりもはるかに逞しく、新鮮に、自然である。（略）ヒューマニズムとか道徳なんていう、絹靴下のようなきめですくえる次元ではない。現代モラルはこれを暗い、マイナスの面でしか理解することができない。だがこの残酷である美しさ、強さ、そして無邪気さ。

（岡本太郎『忘れられた日本』「沖縄の肌ざわり」）

こういった「根源的な人間生命」が長らくそして今日まで、日本とその周辺世界を支えてきたのだ、と岡本はいう。そして沖縄の島の生活とその基底には、このような「生命の感動」がまだ生き続けている、それに似た人の生きかたとして、柳田の「炭焼きの話」を引いたというのである。

岡本は座談会のなかでも、沖縄の人々の生活や沖縄に流れる時間にならって、「自分なりのリズムでもって、充実して生きて行くことをもう少しわれわれの生活にとりもどさなきゃいけないんじゃないかと思いましたね」と述べている。岡本はまた、「美しい」という形容をくりかえし用いる。それにたいして宮本は、岡本の芸術家ならではの美意識と楽天性に、異議を唱えるのである。

……一方では、やっぱり地方を歩いてみておりまして、非常に暗い顔をしている人がおりますね。たとえば北上の山中であるとか、北陸の水田地帯とか、とても暗さを持っている。それ、やっぱり生活の中にあるどうにもなさというものを意識するもろもろのものがあったんではないかと思うんです。たとえば、貧しくても明るい顔をしている人たちのタイプと、そうでないタイプ、大きく二つにわかれりゃせんかと思うんです。

「どうにもなさ」というところまで追いこまれてきた民衆生活の実態、そして「非常に暗い顔」をした日本人がいることを、列島の各地を歩いた経験をもとに宮本は指摘するのである。

……東北で特にそれを感じたのですけれど、決して真正面にものをみないんですね。みるとお互いに目と目が合いましょう。だから必ずひたいごしにものをみるというやつですね。あれが非常に多い。「お前はそういっておるけれども、どうだかね」という気持がどこかにある。それですね。

調査にやってきた民俗学者にたいして、「あなたはそう言うけれど、どうだろう」とはぐらかし視線をそらす、「暗い顔」をした人々が、東北地方にはいた。宮本は、『日本残酷物語』には、こういった民衆を数多く登場させている、と言おうとしているのではないか。

民話と民衆

『日本残酷物語』の第一部『貧しき人々のむれ』に収録された話のなかで、最もよく知られているのは、「土佐檮原《ゆすはら》の乞食」だろう。

話の主人公は土佐の山間、伊予との国境に近い檮原村に住む、年老いた乞食である。夜這いによってこの世に生を享けたこの男は、母親が早くに亡くなったため祖父母の手で育てられた。成長して「博労渡世《ばくろうとせい》」の身となり、さまざまな女性と関係を結んだ。そしていまでは乞食に身を落とし、視力を失い、橋の下に住んでいるのだという。岡本太郎はこの乞食の話を、「あらゆる小説よりすばらしい小説です」と手放しに評価する。

さらには、「ほんとに、この人の美しさみたいなものにうたれるな。非常に、人間としてデリケートで、やさしいでしょう。女に対する態度が実に立派なんだ。人格として立派なんじゃなくて、もっと根源的な生命のやさしさみたいなものですね」といい、この乞食の生き方を称賛する。岡本が褒めたたえるのは、おそらく次のような場面であろう。

……「おかたさま、おかたさま、あんたのように牛を大事にする人は見たことがありません。どだい尻をなめてもええほどきれいにしておられる」というたら、それこそおかしそうに「あんなことをいいなさる。どんなにきれいにしても尻がなめられようか」といいなさる。「なめますで、なめますで、牛どうしでもなめますで。すきな女のお尻ならわたしでもなめますで」いうたら、おかたさまはまっかになってあんた、向こうを向きなさった。わしはいいすぎたと思うて、牡牛を牝牛のところへつれていきました。（略）「それ見なされ……」というと「牛のほうが愛情が深いのか知ら」といいなさった。わしはなァその時はっと気がついた。「この方はあんまりしあわせではないのだなァ」とのう。「おかたさま、おかたさま、人間もかわりありませんで。わしなら、いくらでもおかたさまの……」。おかたさまは何もいわだった。わしの手をしっかりにぎりなさって、眼へいっぱい涙をためてのう。

いっぽう深沢七郎は、この乞食の話を岡本ほどには評価しない。深沢はこの話を読んで、残酷な感じはしなかったけれど滑稽な感じがした、という。「おかしな人だな、この人の一生は……」。そしてこの話は書きかたによっては、諧謔《かいぎゃく》小説になりそうな感じがした、というのである。それは深沢が『楢山節考』で描いた「残酷」と、乞食の話がもつ「残酷」は持つ意味が違うと考えたからではないだろうか。

十歩ばかり行って辰平はおりんの乗っていないうしろの背板を天に突き出して大粒の涙をぽろぽろと落した。酔っぱらいのようによろよろと下って行った。少し下って行って辰平は死骸につまずいて転んだ。その横の死人の、もう肉も落ちて灰色の骨がのぞいているところに手をついてしまった。起きようとしてその死人の顔を見ると細い首に縄が巻きつけてあるのをみたのだった。それを見ると辰平はうなだれた。「俺にはそんな勇気はない」とつぶやいた。

（深沢七郎『楢山節考』）

『楢山節考』の残酷には、どこか透徹したまなざしと対象への距離を感じさせる。それにたいして「土佐檮原の乞食」には饒舌な語りがもたらすユーモアがあり、エロスがある。当時の読者はこの両方を、興味と感動をもって迎えいれた。

谷川　……宮本さんには第一巻はずいぶん書いてもらいました。特に「土佐檮原の乞食」を入れたことが成功の要因なんです。
佐野　のちの「土佐源氏」。
谷川　はい。あのころはみんなあの話を読んで感動したわけですよ。だから読者カードにも、高校生が「私が密かに読んでいると、母親が後ろからのぞきこむような気がして仕方がありません。恐る恐る読みふけっています」というようなことが書いてあったり、あのころの日本はまだ純真でしたよね。あれにみんな感動するわけですから。だから半年ぐらいで二〇何版までいきました。

（谷川健一・佐野眞一対談「旅する民俗学者 宮本常一」二〇〇五年）

『日本残酷物語』の第一部に収められた数多くの話のなかで、「土佐檮原の乞食」の反響が最も大きかった。それは「乞食」と呼び、蔑んでいた男が、豊かな世界を開いたことにたいする驚きによるものであった。

『民話』という雑誌

「土佐檮原の乞食」は、昭和三十五年（一九六〇）二月に刊行された宮本の著書『忘れられた日本人』に、改稿をほどこし、「土佐源氏」と改題して収録された。『忘れられた日本人』は、先の座談会が掲載された『民話』の創刊号（一九五八年十月号）から、同誌の休刊号となった第二十四号（一九六〇年九月号）に連載された「年よりたち」の一部を単行本にまとめたものである。この本は、平成八年（一九九六）にノンフィクション作家の佐野眞一が『旅する巨人――宮本常一と渋沢敬三』を刊行して、宮本常一が幅広く注目されて以来、その代表作として多くの読者を獲得するようになった。

『忘れられた日本人』には、調査・紀行・座談・聞き書き・随筆といったさまざまなスタイルの文章が収録されている。日本の村落共同体の合議制度・合議機関の意味を探る「村の寄りあい」。「名倉談義」は村の発展や労働のあり方を座談形式で考える。古い共同体ならではの人のつながりを物語る「子供をさがす」、女性の社会との関係のもちかたを描いた「女の世間」。「土佐源氏」「土佐寺川夜話」「梶田富五郎翁」「私の祖父」「世間師」「文字をもつ伝承者」は、老人たちの人生を通して農村漁村、農民海民文化を映しだす。こういった多様な形式で記録した村の話題を、新しい「民話」を模索しながら宮本は書き綴ったのである。

雑誌『民話』の発行母体である「民話の会」は、昭和二十七年（一九五二）二月、木下順二の民話劇『夕鶴』をテーマとして開かれた研究会を契機に発足。当初のメンバーは木下のほか、岡倉士朗、山本安英、松本新八郎、林基、吉沢和夫だった。

歴史学者の網野善彦が執筆した岩波文庫版『忘れられた日本人』（一九八四年刊）の解説によると、「民話の会」は、当時活発であった「国民的歴史学」の運動の一環としてその歩みをはじめたという。また、この会と同時期にあった「民族芸術を創る会」と、二つに所属した人々の運動によって「民話」という言葉が世の中に定着していった。しかし、国民的歴史学運動はまもなく行きづまり、昭和三十年に終息。民話の会も危機に遭遇したが、吉沢和夫をはじめ、木下、益田勝実らの努力で生きつづけ、それを新たに強く支えたのが宮本常一であった。宮本自身の表現によると、木下、吉沢、益田、西郷竹彦、山室静が編集委員を務める雑誌『民話』は、創作民話を主として検討しようとしたもので、「その中へ古風な私が一枚加わった」ということになる。

網野善彦は、「年よりたち」を連載していた時期が、宮本の学問の一つの出発点というべき時期と、ほぼ一致していることは注目してよい事実である、という。またこの連載が「民話」を意識してなされたことが、それを非常にユニークなものにした点を見落としてはならないと指摘する。さらに、こうした条件のなかで選りすぐった資料をもとに、庶民自身の語りを再現した「民話」を生み出し、伝承する共同体のあり方を生き生きと伝える文章を発表していった点を、網野は高く評価するのである。

2、新しい民衆史を求めて

四人の監修者

すでに記したように、『日本残酷物語』の監修者は宮本常一、山本周五郎、楫西光速、山代巴の四人だった。

宮本常一は明治四十年（一九〇七）山口県周防大島生まれ。小中学校の教員を勤めながら近畿民俗学会に参加し、昭和十四年（一九三九）に渋沢敬三が主宰するアチック・ミューゼアム（現・日本常民文化研究所）の所員となる。日本各地の農村、漁村、離島を踏査し、独自の民俗学を築いた。執筆した論考、エッセイの多くは未来社刊の『宮本常一著作集』に収録。また調査のおりに撮影した十万枚におよぶ記録写真も、近年では高い評価を受けている。

小説家の山本周五郎は『樅《もみ》ノ木は残った』や『青べか物語』で大衆的人気を博した。明治三十六年（一九〇三）山梨県に生まれ、小学校を卒業後、東京木挽《こびき》町の山本周五郎商店（屋号「きねや」の質店）の徒弟となった。作家としては最初、『キング』『講談雑誌』などを舞台に少年少女小説家として活躍。『小説日本婦道記』が直木賞候補になったが辞退し、その後も文学賞を固辞した。

経済史学者の楫西光速は明治三十九年（一九〇六）大阪生まれ。東京帝国大学を卒業後、昭和十三年（一九三八）にアチック・ミューゼアムの研究員となり、土屋喬雄をたすけて『渋沢栄一伝記資料』を編集した。おもな著作に『日本資本主義発達史』などがある。

山代巴は明治四十五年（一九一二）広島県生まれの小説家で、民話を活かした作風で知られる。労働運動家の山代吉宗と結婚するが、治安維持法違反で夫とともに検挙され、敗戦までを獄中で送った。代表作に『荷車の歌』『囚われの女たち』、共著に『この世界の片隅で』などがある。

この四人の監修者について谷川は、佐野眞一との対談で次のように証言している。

……監修者について言うと、宮本さんは実質的に中身にタッチした人ですが、あとの方々は名前だけなんです。だから後世の人が間違うわけで、山本周五郎さんは名前をいただきにお宅におうかがいしましたが、そのときには「私はシャイだから」と山本さんが言ってね。（中略）楫西さんも挨拶に行っただけだし、山代巴さんも一度か二度会っただけなんですが、当時は監修に著名人を並べるというのが流行っていたんですよ。宮本さん一人でもよかったのですけれどもね。

（「旅する民俗学者 宮本常一」）

名前を借りるだけだったとはいうものの、谷川はどのような理由から四人を監修者に選び、それぞれになにを期待したのだろう。

宮本常一は『日本残酷物語』の前に谷川が企画した『風土記日本』でも監修を務め、この新しい企画でも、立案段階から深くかかわっていた。このことはこれから詳しく述べていくことにする。

山本は谷川が訪ねていった当時、長篇小説『樅の木は残った』を昭和三十三年（一九五八）に完結し、講談社から上下二巻で刊行。翌三十四年の三月には「中村吉右衛門劇団」により明治座で上演され、同作で毎日出版文化賞を受賞する（このときも辞退し、出版社のみ受賞）。『赤ひげ診療譚』『五瓣の椿』といった代表作が刊行されたのもこの年だった。またラジオ東京（現・TBS）では「山本周五郎アワー」が放映された。

楫西は宮本常一と、渋沢敬三主宰のアチック・ミューゼアムの仲間だったことが、監修者に名前を連ねることになった理由のひとつであったろう。

『日本資本主義発達史』のような大著のいっぽうで『日本塩業の研究』など地に足をつけ

た論考を書いた楫西は、多くの執筆者からこのシリーズの信頼を得る人物だったと思われる。

山代は『荷車の歌』が山本薩夫監督、三国連太郎主演で映画化されたばかりであった。監修者として白羽の矢が立ったのは、女性問題、被爆問題にも造詣が深く、「現代篇」の編集を見据えてのことだったかもしれない。

谷川健一と民俗学

『日本残酷物語』の中心人物であった谷川健一は、大正十年（一九二一）熊本県水俣市生まれ。東京大学文学部に入学後、まもなくして結核が悪化し、療養のために帰郷。回復後に復学し、三十一歳で東大を卒業。平凡社に入社し、『児童百科事典』編集部に配属された。『風土記日本』『日本残酷物語』を企画編集、雑誌『月刊太陽』の初代編集長を務める。平凡社退職後は、民俗学者として多くの業績を残して、日本地名研究所初代所長、近畿大教授を歴任。著書に『魔の系譜』『青銅の神の足跡』『日本の地名』ほかがあり、主要著作は『谷川健一全集』（全二十四巻）にまとめられている。弟に詩人の谷川雁、東洋史学者の谷川道雄、編集者養成学校日本エディタースクールを創立した吉田公彦がいる。

谷川は、『風土記日本』を立ちあげることになり、また民俗学にのめりこむようになったきっかけは、柳田国男の『桃太郎の誕生』を読んだことであるという。

谷川は自宅から会社に向かう電車のなかで、角川文庫の『桃太郎の誕生』をなにげなく読み始めた。するとそこには、「今までの考えとまったく違う世界があった」（「旅する民俗学者 宮本常一」）。左翼の立場の人間は人民や民衆というけれども、そこには彼らを下に見て、自分たちは前衛で彼らは後衛だという意識がどこかにある。しかし柳田が書いた『桃太郎の誕生』にはそういうものがなかった。日本の庶民が想像力を駆使して、新しい民話をつくっていくクリエイティブな側面、庶民の創造の可能性に谷川は驚嘆したのだった。昭和八年（一九三三）に三省堂から刊行された『桃太郎の誕生』は、柳田民俗学の昔話研究の記念碑として評価され、近世から近代に童話に変形された「桃太郎」の原型を、歴史と民俗を遡行しながら追究していったものである。

谷川は、『桃太郎の誕生』を読んでしばらく経った五月晴れのある日、自宅から駅までの「黄色く熟れた麦畑」のなかの道を歩いていた。すると後頭部に、「ひやっ」とするものがかかってきた。三十五歳になっていた谷川は、そのとき「俺にも人生の成熟の最初のひとしずくが落ちてきたのかな」という印象を受けたという。そしてそれが、民俗学に邁進しようとするきっかけになった。「ひやっとしたしずく」のような思い、「成熟」という観念は、コミュニストや左翼の進歩的な人々にはないものではないか。『桃太郎の誕生』

を読んでなにかが効きはじめた、と谷川は感じた。

谷川からみた柳田と宮本

谷川は『桃太郎の誕生』を読んだあと、民俗学者の鎌田久子の紹介で、世田谷区成城の民俗学研究所に柳田国男を訪ねていった。

初対面の柳田は「小柄な老人」で、谷川の郷里が熊本だと聞くと河童の話をした。そして熊本在住の民俗学者に丸山学という河童の研究家がいる、彼は「君の尊敬しなければならない人だ」と言った。谷川は丸山のことを知っていたが、「あたりまえの人」で、柳田が尊敬を強要するような人物だとは思えなかった。丸山学は熊本県菊水町に生まれ、柳田国男の影響で英文学から民俗学に転じ、『小泉八雲新考』『熊本県年中行事誌』などの著作を残した。なお谷川は、昭和六十三年（一九八八）に編纂した『日本民俗文化資料集成』（全十二巻）の第一回配本第八巻『妖怪』で、丸山が書いた「山童伝承」を巻頭に掲載し、敬意を表している。

谷川はまた柳田にかんするこんなエピソードも紹介している。

谷川は鎌田久子から「柳田先生が谷川さんにこれを読めと言われました」という言葉とともに、『拾椎雑話《しゅうすいざつわ》』という本を手渡された。「私は柳田の気持ちをはかりかねたが、読んでみると大変おもしろい書物であった」（谷川健一「私の履歴書」二〇〇八年）。『拾椎雑話』は福井県若狭で酒造業を営んでいた豪商、木崎惕窓が記した郷土誌である。柳田は昭和二十九年（一九五四）に福井県郷土叢書の第一集として、『拾椎雑話・稚狭考《わかさこう》』（福井県立図書館・福井県郷土誌懇談会刊）が刊行されたとき序文を寄せていた。このように思い入れの深い本を、秘書の鎌田をつうじて、谷川に読むように薦めたのだった。

柳田国男との出会いと相前後して、谷川は宮本常一が書いた『海をひらいた人びと』を手にした。それは、筑摩書房が刊行する「小学生全集」の一冊として昭和三十年（一九五五）に刊行された、〝子ども向け〟の本である。しかし、この本のなかに書かれていることとは谷川にとっては知らないことだらけで、彼の関心を最後まで引きずっていった。そしてなにより、ここに描かれていることはどんな歴史書にも書いていない「庶民の生活史」である、と感じた。

そのころまでの一本づりはつりばりにアサ糸をむすびつけて、それで魚をつっていましたが、いまから二四〇年くらいまえごろ、テグスをつり糸にもちいはじめました。（略）これはシナの広東地方に多いテンサンとかフウサンとかいわれるカイコの一種からとった糸なのです。（略）この糸はなかばすきとおっていますから、水の中につけると、あるかないか見わけがつかないほどです。だからこれにつりばりをつけてエサをかけておけば、エサがあるようにみえます。その上、糸には弾力があるので、魚がよくかかります。

（宮本常一『海をひらいた人びと』一九五五年）

谷川は「近代主義への一矢――宮本常一のこと」（一九七二年）のなかで、「たとえば釣り糸の変化がその漁法全体を変えていく。こうしたことは一見些細なことのようにみえるが、政権交替以上に重要なことであることを、私は理解した」と述懐する。そして、こういった思想や歴史の見方は、ほんらい唯物論的な考え方であるはずなのに、唯物史観に立つ人たちはなぜか見逃していると思った。「地方の生活史」というと、狭い地方の範囲にとどまるのがふつうだけれど、無名者の努力が庶民の行動の輪を広げてゆくさまを、宮本は生き生きと描いているのであった。

『海をひらいた人びと』を読むまで、谷川は宮本常一がどういった人物かまったく知らなかった。しかし、庶民の歴史でもあり、かつまた民俗学でもある宮本の視点が、ユニークなものであることはすぐわかった。宮本もこの著作を再録した自身の著作集の「まえがき」で次のように記している。

……この書物を書いていて、日本の海をひらいたのはまったく無名の人びとであったのだということに気がついた。海だけではない。山でも僻地でも、とにかく一般の人の見すてたところに入り込んでいって、そこで新しい世界をひらき、人のすめるようにした人びとはスペインやポルトガル、イギリスのように尊重せられなかったけれども、実にたくさんいたのだと気がついた。

（『宮本常一著作集8　日本の子供たち・海をひらいた人びと』一九六九年）

無名の人々が新しい世界を切り開いていったことは、あたり前のようにみえるけれど、歴史のこういった側面に光をあてた本は多くなかった。『海をひらいた人びと』の民俗学は、『桃太郎の誕生』の民俗学と重なる部分はあるにせよ、また異なる世界を提供するものだと谷川は直感した。こうして谷川健一は、宮本常一と一冊の本をとおして出会ったのである。

「民俗学」の企画

谷川健一は、世田谷区豪徳寺に住んでいた一九五〇年代のはじめ、彫刻家で画家の土方《ひじかた》久功《ひさかつ》の知遇をえた。

土方は東京美術学校（現・東京芸術大学）を卒業後、パラオやヤップなどの南洋諸島で風俗や民話を調査・採集。戦後は南洋に取材した木彫作品を発表した。民族誌の著述もある土方は、成城の柳田国男邸に出入りしていたことから、柳田の秘書である鎌田久子も、土方邸でおこなわれる会合に出ていた。谷川と鎌田はそこで出会ったのである。

鎌田は國學院大学を卒業後、柳田国男に師事して秘書を務め、民俗学研究所に勤務。民俗学研究所が解散し、柳田の蔵書が成城大学に移るとともに同大学の助教授、のちに教授になった。『女の庶民史』をはじめ、女性民俗学の分野を切りひらいた。

平凡社ではそのころ、新しい企画を社員から募集していた。谷川は『児童百科事典』の編集をしながら、「民俗」にかんする項目がおもしろいと感じて、日本の伝統や歴史を地域別に分けて考えるという企画を思いついていた。そこで鎌田に相談したところ、彼女と同じ成城大学の教員で、柳田門下の番頭格である大藤時彦《おおとうときひこ》を推薦してきた。大藤は柳田国男に師事し、日本民俗学会の設立に参加、のちに代表となる。『柳田国男入門』や『柳田国男写真集』といった著書・編著がある。平凡社では『綴方風土記』という〝現代もの〟を刊行していたこともあり、社内では「それを歴史的にやったらどうか」という提案もあった。しかし『風土記日本』は子ども向けではなく、大人が読めるものにしたい、と谷川は考えた。大藤は相談にきた谷川に、「では宮本君を入れよう」と言い、三人を編者にして『風土記日本』がスタートした。谷川によると宮本は当時、民俗学者のあいだで知られているだけで、一般にはほとんど無名だった。

東京の本郷に出版社が共同出資して、仕事や会合に使用していた「能勢《のせ》」という旅館があった。その「京風のしゃれた旅館」に宮本が来たのが、宮本と谷川の最初の出会いだった。初対面の宮本は珍妙な格好で、着物を黒く染め上げたような洋服、ズック靴に登山帽みたいなものをかぶり、にこにこしていた。「これは執筆者の先生なのかそうではないのか」と、旅館の女中が戸惑うような身なりだった。

宮本にたいする谷川の第一印象は、「とにかく話がすごい」ことだった。谷川はそれまで鎌田や大藤と打ち合わせを重ねていたが、「この企画はうまくいくかな」と首を傾げるような状態だった。大藤は日本史の年表を開きながら項目を拾い上げていくようなことをしていたが、宮本からは、民俗学に親しんでいない人間でも感性を刺激されるような話が引きもきらず出てきて、驚かされるばかりだった。

企画段階では、月に一、二回集まり構想を練った。朝十一時ごろから昼食をとり夕食をとるまでのあいだ、宮本の独擅場《どくせんじょう》で、喋りつづけだった。しかもその内容が単なる民俗学ではなく、もっと人間的なものであった。事実の提示の仕方がほかの学者の乾からびた標本のような話ではない。「海底に海女が潜って切り取ってきたばかりの潮に濡れている昆布やワカメのような海草を浜辺で並べるような」（「旅する民俗学者 宮本常一」）ものであった。谷川はそのときの感動を「全身吸い取り紙のようになって耳を傾けた。そうして自分が民俗学をえらんだのはまちがっていなかったという感慨をもった」（谷川健一「自伝抄 海やまのあいだ」）という。

渋沢敬三邸で

『風土記日本』の第一巻『九州・沖縄篇』の刊行前に、谷川は宮本が胃病で寝こんでいると聞いて、宮本の食客先である渋沢敬三邸まで見舞いに行ったことがある。宮本は戦前の昭和十四年（一九三九）に渋沢が主宰する東京三田のアチック・ミューゼアムに入り、戦後も渋沢邸で居候を続けていた。

　渋沢敬三は「日本近代資本主義の父」とよばれる渋沢栄一の子、篤二の長男として東京に生まれた。東京帝国大学経済学部を卒業後、横浜正金銀行に入行、その後第一銀行に移り、取締役、副頭取を歴任した。日本銀行副総裁に転出し、昭和十九年（一九四四）には総裁に昇任。第二次大戦後は、幣原《しではら》喜重郎《きじゅうろう》内閣の大蔵大臣となり、戦後経済の処理にあたった。公職追放を経て、国際電信電話（現・KDDI）の初代社長に就任するなど、財界人として多くの要職を務めた。

渋沢は政財界の仕事を務めるいっぽう、大正十年（一九二一）に旧制第二高等学校の同級生たちと、自邸の物置小屋（屋根裏部屋）に動植物の標本や化石などを集めて整理研究などをおこなう「アチック・ミューゼアム・ソサエティ」をたちあげた。大正十四年（一九二五）には名称を「アチック・ミューゼアム」と改め、郷土玩具の研究等を開始。戦時下に「日本常民文化研究所」と改称、戦後においても活発な活動を続けていたが、昭和五十七年（一九八二）に神奈川大学の付属研究所となった。渋沢は後進を指導支援するとともに、自身も『日本釣漁技術史小考』『日本魚名集覧』など漁業史の分野で数多くの研究成果を残した。

谷川健一が渋沢邸を訪ねたとき、宮本は屋敷の玄関横にある二、三畳くらいの小さな部屋で寝ていた。部屋の壁際には天井まで届くような本棚があり、宮本はその脇の煎餅布団のなかにくるまっていたのだが、その蒲団のカバーは、端午の節句のときに立てる鯉のぼりの布地を縫いあわせたものだった。それを見て谷川は、「この企画は絶対成功する」と確信した。

谷川はそれまで、柳田国男の手引きで民俗学に紛れこみ、柳田の世界に敬服していたが、民俗学を生涯の仕事とする決心がつかずにいた。

……それが宮本さんに会って、はじめて「この学問は間違いない」と確信しました。宮本さんの姿に感動したのです。柳田さんにはダルマをつくってもらい、宮本さんに目を入れてもらったようなことで、いくらつらくても、いろいろなことがあっても、民俗学の仕事をやることに後悔しないという覚悟を決めたのは、宮本さんのあの生き生きした世界に触れてからでしょうね。

（「旅する民俗学者 宮本常一」）

同じころ、谷川は新宿駅の地下道で宮本とばったり会ったことがある。そのとき宮本がいきなり「私はあなたに発見された」と言ったという。

谷川はいっぽうで、宮本の背後には、優れた着想の下に多くの学者を動員していた渋沢敬三の存在があると考えた。柳田や折口信夫の「心の民俗学」にたいする渋沢の「物の民俗学」は独特な視座をもち、庶民の生活史の研究を大きく前進させることに成功した。しかし、渋沢は財界の指導者の位置にあったため、その考え方には限界がともなわないわけではない。宮本常一を育てたのは渋沢敬三であったが、宮本の考え方に枠をはめたのも渋沢であった、と谷川は捉えていた。

「民俗学」にたいする疑問

宮本常一は昭和五十三年（一九七八）、七十歳をすぎてから刊行した自伝『民俗学の旅』のなかで、「昭和三十年頃から民俗学という学問に一つの疑問を持ちはじめていた」と述懐している。宮本が抱いた疑問というのは、日常生活のなかから「民俗的な事象」をひき出し、それを整理してならべることで「民俗誌」というのは事足りるのだろうかというものだった。

「神様は空から山を目じるしにおりてくる」といったことを調べるだけでよいのだろうか？　神様が山を目じるしに降りてくるようになった理由はなにか？　海の彼方からやってくる神も、土地そのものに潜んでいる精霊もある。それらは我々とどのようなかかわりあいをもっているのであろうか？　さらにまたいろいろの伝承を伝えてきた人たちは、なぜそれをもちつたえなければならなかったのか？　それには人々の日々営まれている生活をもっとつぶさに見るべきではなかろうか？……。そうして「民俗誌」ではなく、「生活誌」のほうがもっとだいじにとりあげられるべきであり、また生活を向上させる梃子《てこ》になった技術については、もっときめこまかに構造的に捉えてみることがたいせつではないか、と宮本は考えるようになった。

村を歩いていると、老人だけではなく中年も若者も、いちばん関心が深いのは自分自身と周囲の生活、村の生活のことである。だから「民俗的な事象」を聞くと、喜んで答えてくれる人は少なくないが、彼らのほんとうの心は、夜更けに囲炉裏の火を見ていて、話のとぎれたあとに出てくるのだ。田畑の作柄のこと、世の中の景気のこと、歩いてきた過去のこと……。村人は進んで語りたい多くのことをもち、またそれぞれに自分の歴史をもっている。そういうものから掘りおこしていくこと、そして生きるというのはどういうことかを考える機会を、できるだけ多くもつようにしなければいけない、と宮本は思いつづけてきた。そんなときにちょうど宮本は谷川を知ることとなり、『風土記日本』と『日本残酷物語』の編集をたすけることになったのである。

3、庶民の風土記を——『風土記日本』

『風土記日本』の構想

『風土記日本』の編集作業は、平凡社の本館脇にある日本家屋でおこなわれた。そこには畳敷きの二階があり、社員が仕事をするかたわら宿泊もできるようになっていた。

編集部員は谷川を含めて三人。一人は写真、他の一人は別刷のページや年表などを担当した。編集部員は朝の十時ごろに出社し、夜の九時、十時ごろまで仕事をした。本文の原稿はすべて谷川が目を通して、書きなおし作業（リライト）をした。掲載原稿はすべて無署名にし、著者名は一括して、巻頭に掲げることにした。いっぽう宮本によると、各巻の三分の二程度は編集委員の宮本、大藤、鎌田が執筆し、彼らが手のおよばないところを、三人が日ごろ親しくしている人々に依頼した。そして記事にできるだけ一貫性をもたせるように、谷川がリライトしたという。

シリーズ『風土記日本』は、昭和三十二年（一九五七）五月から昭和三十三年十二月にかけて刊行された。全七巻の内訳は第一巻が『九州・沖縄篇』、第二巻が『中国・四国篇』、第三巻が『近畿篇』、第四巻が『関東・中部篇』、第五巻が『東北・北陸篇』、第六巻が『北海道篇』、第七巻が『総記・索引篇』。ただし巻数順ではなく、第一巻『九州・沖縄篇』のあとは第四巻、第二巻、第五巻、第三巻、第六巻、第七巻の順に刊行された。体裁はA5判上製、函入り。各巻末には該当地域の地図と歴史年表を集録。カバーは佐藤忠良《ちゆうりよう》、見返しは芹沢銈介《けいすけ》、目次と扉には芹沢銈介、朝倉摂、森芳雄、土方久功、勝平得之《かつひらとくし》、山口薫、脇田和《かず》が装画をよせた。なお昭和三十五年にはB6判の普及版が刊行された。

第一巻『九州・沖縄篇』収録の「はじめに」は次のような言葉で始まる。「わたしたちの祖国を見直そうという新しい動きがはじまっている。民衆の働きと知恵のすべて、共同の哀歓のすべてをわたしたちのものとし、これを明日の理想をになう人々の、今日の糧《かて》としたいという願いから本叢書《そうしょ》はくわだてられた」。

さらにこの叢書が「風土記」という形式をとること、そして各地方の生活と文化を通じて日本文化の本質を捉えようとした狙いについて述べる。それは従来の「文化史」の枠を破り、真の「民衆の歴史」を描こうとしたからにほかならない。これまでのいわゆる「日本文化史」は、中央の一部の社会に偏りすぎるか、階級の緊張関係の上に組みたてられたものがほとんどだった。つまり、歴史の裏街道に隠れて生きた民衆社会の内部については、顧みられることがあまりにも少なかったのである。

「民衆こそはつねに地の塩であり、大地の深部を形成する民族の源泉の力であり、それぞれの地方の主人公であった。地方には地方の特色があった。それはゆらぐ炎のようにひろがり、かさなりあい、そそりたって、日本文化の母体となり、祖国の明日《あす》をおぼろげに照し出す」。このシリーズは、幾千年来の民衆の実感を、さまざまな学問の成果のなかに確かめようとする初めての試みであり、それは「日本民衆の歴史」と一致するものであることを読者は知るであろう、と「はじめに」は語る。

庶民による庶民の歴史

宮本は谷川から問われるままに、庶民が若々しく生きつづけてきたことを、全国にわたり事例をあげて話した。谷川はそれを「地域に分けて本にしよう」と言った。宮本自身もかねてから、「庶民の自分が、庶民の立場から、庶民の歴史を書いてみたい」という構想を抱いていた。そしてそのときには、上層文化について語ることはできるだけ避けたい、と考えていた。また宮本は、近年の「歴史」叙述において、庶民はいつも支配者から搾取され、貧困で惨めで、反抗をくりかえしているように力説されていることに疑問を感じていた。

……小作百姓の子に生れ、青年になるころまで百姓をしてきたわたしには、かならずしもそうはうつらなかった。瀬戸内海だから条件もよかったのかもわからないが、そののち全国をあるいてみても、やはりおなじ感じをいだいた。あるきつかれて、ゆきずりの民家にとめてもらった数も千戸に近いが、村人の大半はつつましく健全にくらしをあゆんでいる。そしてそういう人が農民の大半であるとすると、その人たちの生きてきた姿は明らかにしておきたい。

（宮本常一「庶民の風土記を」一九五七年）

宮本が『風土記日本』の第二巻『中国・四国篇』の月報に寄せたこの短い文章には、庶民としてのアイデンティティが強く滲みでている。

宮本はさらに、その人々は戦争が嫌いで、仕事の虫のように働き貧乏したが、生きぬく力をもち、隣人を信じ、人の邪魔をしてこなかった、という。なかには隣人の不幸を喜ぶような人もいたけれど、それにはそれ相当の理由があり、庶民だけが非人情を非難されるべきではない。一般大衆は声を立てたがらないからといって、彼らが平穏無事だったわけではなかった。

……孜々営々《ししえいえい》として働き、その爪跡は文字にのこさなくても、集落に、耕地に、港に、樹木に、道に、そのほかあらゆるものにきざみつけられている。人手の加わらない自然は、それがどれほど雄大であってもさびしいものである。しかし人手の加わった自然には、どこかあたたかさがありなつかしさがある。わたしは自然に加えた人間の愛情の中から、庶民の歴史をかぎわけたいと思っている。

（同前）

『風土記日本』は、多くの人間の心からなる協力によってつくりあげられた。だからここには、庶民的な人生肯定の体臭が出ていてもいいはずだ——。宮本はこの企画に大きな期待を寄せていたのである。

唯物史観への疑義

谷川が『風土記日本』を企画すると、平凡社の内部で批判が起こった。それは、民俗学は体系のない学問である、民俗学は階級闘争を捨象しているといった学問そのものにたいする否定的な意見だった。民俗学は当時、進歩的知識人や進歩的出版労働者から軽蔑の眼で見られる在野の学だった、と谷川はいう。「マルクス主義のよそおいをしてさえおれば、どんな言動でもまかりとおる時代が戦後しばらくは続いたのである」。だから民俗学を主軸に企画を立てても、理解が得られにくい時代だった。

宮本と谷川はまた、沖縄や小笠原を戦後日本の領土として本土同様に取りあつかった書物がほとんどないので、『風土記日本』では、沖縄についてとくに項目を設けて人々の注意を惹くようにしよう、と話しあった。そして第一巻『九州・沖縄篇』には、この地域文化の入口としての位置を明らかにしたい意図をこめた。「一九五〇年代は、沖縄はまだ占領治下ですから、沖縄を入れることについてはずいぶん気を使いましたが、あえて入れた」(大江修編『魂の民俗学——谷川健一の思想』二〇〇六年)。

太平洋の荒波を容易に越えていく航海が発達するまで、国外からの文化の大半は、まず九州に入ってきた。また九州は日本の最前線であり、国境でもあり、外からの武力的な圧迫にたいして、武力で対抗しようという意欲を最も強くもったところでもあった。九州の風土にはこの二つの条件がもつ矛盾が滲みでている。

『風土記日本』の編集作業は、わずか二十ヶ月ほどのあいだに七冊を出そうという無謀な試みであった、と宮本は回想する。しかし谷川にとっては、「単なる解説記事の羅列でない風土記ができあがった」と自負する内容になった。当時、百円台の単行本がふつうの時代に一冊五百八十円だったが、東京の八重洲口の本屋に行くと、うずたかく平積みになっているのが次から次へパンのように売れた。『風土記日本』の売れ行きが好調なので社内の批判者たちも沈黙し、谷川にたいする評価も一変した。

4、「残酷」という話題——『日本残酷物語』

『風土記日本』から『日本残酷物語』へ

『風土記日本』が成功裡に終わると、平凡社の創業者で、当時は会長であった下中彌三郎が谷川に向かって、「次は何をやるか」と聞いてきた。そこで谷川は、「『日本残酷物語』をやりたい」と答えた。それは『風土記日本』の第一巻を出したときに、すでに決めていたことだった。『九州・沖縄篇』では庶民が希望をもち、地べたから這いあがろうとしているということを追求した。ところがそれを打ち砕くものがあり、庶民はまたそこから落ちて追い詰められる。収奪されてどん底に追い詰められたら、逆に収奪してもかまわないのではないか。向こうが殺しに来ればこっちも殺していい。こういう庶民の考えかたを底流にもつような企画を始めたい、と谷川は考えていた。

宮本の話のなかで谷川がとくに記憶に残っているのは、「民衆の世界が世間に知られるのは不幸によってである」という言葉であった。民衆にたいするこういった認識は、『日本残酷物語』の第二部『忘れられた土地』の序文の、次のような一節に反映している。「昨日まで忘れられていたものが、今日ふたたび民衆の意識にのぼってくるのは多くの場合不幸なできごとを媒介にしていた」。それはたとえば、沖縄はひめゆりの塔とアメリカ軍の占領によって、山間の村はダム工事のための立退きとその補償金問題というような形においてであった。しかし世間の人々の意識にのぼってきた場合、歪められていたり、忘れられた世界のほんの一部であったりする。だからその世界のほんとうの苦痛は、とりあげられることで、かえって忘れさらされる。

谷川は後年、『風土記日本』と『日本残酷物語』は谷川のイメージを宮本が具現化するという、相互の協力作業によって生まれたものであった、と振りかえっている。宮本以外にも数多くの執筆者が参加していたとはいえ、二つのシリーズの企画段階に宮本がいなければ、谷川が望む方向に実現することはできなかった。宮本の犀利な着想に、谷川はしばしば感歎したのだった。

リラダンの『残酷物語』

『日本残酷物語』の企画がとおったあと、谷川健一は平凡社の下中彌三郎に会長室に呼ばれた。下中は「この『日本残酷物語』という名前はひどいから、君、何か考えろ」と言った。「他の題はありますか、これしかありませんよ」と谷川が答えると、「いや、俺も考えるから、君も考えなさい」と言う。すると下中は「『日本泥沼物語』にしよう」と提案した。しかし『日本残酷物語』というシリーズ名は、フランス象徴主義の作家ヴィリエ・ド・リラダンの『残酷物語（コント・クリュエル）』（一八八三年刊）に「日本」を冠しただけで、谷川が発明したものではなかった。『残酷物語』は、近代社会の低劣卑俗にたいする批判と高踏的な理想主義にもとづく短篇小説集で、その批判精神から「残酷」と名づけられた。しかし谷川の企画は、小説ではなくノンフィクションである。下中のほうにもそれ以上いい考えがないので結局『日本残酷物語』で出発した。

なお文芸評論家の平野謙は『日本残酷物語』について、「この秀抜な編集企画は、そのいくぶんかを『楢山節考』の出現に負うているのではないか、というのが私のひそかな憶測である」と感想を寄せた。さらに「目下ひとつの流行語となった残酷物語という言葉は、最初はいわば実存的な意味でつかわれていたのだが、最近はそれが社会的な意味に転化しているようだ」と指摘した。

下中彌三郎

谷川健一が「偉大な老人」だと形容する下中彌三郎は平凡社の創業者であり、平和運動家や教育運動家としても知られる。兵庫県多紀郡今田村（現在の篠山市）に生まれた下中は、兵庫県の小学校教員や埼玉師範教諭を務め、大正八年（一九一九）日本初の教員組合啓明会を結成。大正三年には平凡社を創業し、百科事典や美術全集などを出版した。戦後は世界連邦運動、世界平和アピール七人委員会などで活躍、また日本書籍出版協会初代会長も務めた。

下中彌三郎と平凡社について、谷川は次のような歴史とエピソードを語っている。

平凡社は昭和三年（一九二八）ごろ、講談社の雑誌『キング』に対抗して『平凡』を創刊し、下中自身もそこに小説を書いた。『平凡』は五十万部印刷したが、『キング』に勝つことはできなかった。雑誌は頓挫し、要員があまったので、『大百科事典』を始めることになった。債権者が集まったなかで下中は、「これから『大百科事典』を出す。太陽が西から上がるようなことがあっても毎月一冊必ず出す」と宣言した。そして実際に、昭和六年（一九三一）から九年（一九三四）まで全二十八巻、毎月一冊刊行した。これにより「事典の平凡社」と呼ばれるようになった。

下中彌三郎はアナーキストで、最初のメーデーに参加したほどであったが、だんだんと「右翼」になっていった。昭和二年（一九二七）には『大西郷全集』を出版、右翼として頭角を現わしてくる。しかし、ほんらいはアナーキストなので、アナーキストが平凡社に逃げこんでくると、会社に入れる。女性史研究家の高群逸枝《たかむれいつえ》の夫でアナーキストの橋本憲三も、平凡社で『大西郷全集』を編集した。

昭和四十六年（一九七一）に刊行された『下中彌三郎事典』は、下中とかかわりのある人物や結社、集団、事件や出来事などを事典形式で紹介するユニークな事典である。たとえば「愛国勤労党」「浅間丸事件（東亜建設国民連盟）」「アジア・アフリカ協会（ダライ・ラマ）」「アジア大学設立問題」「亜細亜農政協会」「アナーキズム」といった項目で始まるところをみても、下中彌三郎の個性がよくわかる。

　そしてこの偉大な老人は、『日本残酷物語』全七巻が完結し、のちに記録的な売れ行きとなる『国民百科事典』第一巻が刊行された昭和三十六年（一九六一）一月の翌月、二月二十一日に八十二年の生涯を閉じた。

署名か無署名か

『風土記日本』も『日本残酷物語』も、執筆者の名前を巻頭にまとめて列挙している。

　このことについて宮本は、署名原稿だと思っていたので最初は抵抗した。しかし谷川は、特定の著者の叙述ではなく、一貫した「物語」であることを強調するため、無署名にしたかった。そこで鎌田久子があいだに入り、署名の形を避けることができた。

　谷川は、宮本の原稿も書いてきたそのままではなく、ずいぶん切った。宮本はひとつのテーマを、長わらじみたいにずっと書きつづける。しかし「本」という枠のなかでは、あるところで収めるため、どうしても削らざるをえない。「自分に書け書けと言うが、俺の原稿をバサバサ切る。そうやっておいてまた書けと言う」と谷川は宮本から言われた。

「ですから宮本さんのいいところをみんな頂戴して、コラージュみたいな形でやったというところはあるんです」（「旅する民俗学者 宮本常一」）と内情を明かす。

谷川によると『風土記日本』でも、北海道や関東といった中国・四国以外の巻は、数多くの著者が執筆し、宮本は北海道をテーマにした文章は執筆していない。宮本の天才的な企画力というのは認めざるをえないにしても、構成やフレームづくりは編集の仕事であったし、多くの執筆者の仕事だった。だから、宮本だけでこの二つのシリーズができたかというと決してそういうことはない。そういうこともあって、宮本と谷川の関係がだんだん微妙になっていった。二人の自負心が摩擦の種になっていったのである。

編集者たち

『日本残酷物語』においても、『風土記日本』の編集委員だった宮本常一、大藤時彦、鎌田久子の関与が深かった。

『日本残酷物語』の編集者のひとりである小林祥一郎は、第一部『貧しき人々のむれ』の「飢えの記録」は宮本が執筆し、小林が鎌田の好意で利用していた成城大学の柳田文庫の古い文章を渉猟して、現代語にリライトしたものだという。「宮本さんがこのゲラに目を通されているときは、どういわれるかと、はらはらしながら隣で見ていた。読了した宮本さんは、「じぶんで書いたものと思って読んでいると、いつか他人の文章になり、そうかと思って読んでいると、また自分の書いたものになる。それで流れていくんじゃから、器用なことをするものよ」といって笑った」（小林祥一郎『死ぬまで編集者気分——新日本文学会・平凡社・マイクロソフト』二〇一二年）。

「土佐檮原の乞食」は、『日本残酷物語』のもうひとりの編集者児玉惇《あつし》の担当だった。児玉は宮本から届いた原稿を一読するなり、「みごとだ、リライトする余地がまったくない」と感嘆の声をあげた。そして児玉は立ちあがって朗読して聞かせた。「「秋じゃったのう」にはじまり、岡の上の大師堂で待っている博労の目に、まだ夕日が残る下の田で稲刈りをする百姓の姿が見える。まぶしい思いでながめていたら、絣の着物をきた嫁さんが前掛で手をふきふきのぼってきて、近づいたところでニコッと笑った。そのあたりまで一気にいい声で読みあげた」（小林同前）。

児玉惇も昭和四十七年（一九七二）の『日本残酷物語』の新版刊行のおりに、当時の編集作業を回顧している。児玉は「『日本残酷物語』について回想することは、つらい」と言い、編集作業を「いくさ」に例えて谷川健一との確執を吐露する。「あのいくさは激しく、華々しかった。加えて、ろくに鉄砲の撃ち方も知らぬ民兵の私などが正規軍として飛び入りしたのが、余計にいけなかったようだ」。小林祥一郎は、第一部『貧しき人々のむれ』に収められた「女衒 村岡伊平治伝」について、日記体や手紙類、小説仕立てのもの、手記風なものが混在し、誤字脱字だらけの伊平治の文章を、拙劣な味を残しながらリライトし、物語につくりあげた児玉の力量を高く評価する。

……私たちは時に徹宵して仕事にうちこんだ。それは推敲と言うより、のみで一刀一刀文章を新しく彫り上げる肉体的な作業だった。今日が締切りという日の朝、小林さんは原稿が仕上がらず、寝呆け眼をベソかいたように腫らしていたのを思い出す。非力の私も膂力《りょりょく》をふりしぼって「天草女」の章を書き上げ、いささか「風雅文采」の賞辞を谷川さんからもらうことが出来た。嬉しい思い出である。

（児玉惇「谷川健一さんの事ども――『日本残酷物語』のおもいで」一九七二年）

谷川も証言しているように、こういった著者、監修者と編集者の相互作業により、『日本残酷物語』はつくられていったのである。

残酷ブームの到来

『日本残酷物語』全七巻が刊行されたのは、「六〇年安保闘争の時代」であった。

第一部の表題『貧しき人々のむれ』は、中条百合子の小説『貧しき人々の群』にあやかったものであった。中条百合子は日本共産党に入党後、宮本顕治と結婚し、宮本百合子という名前で多くの作品を書いた。『貧しき人々の群』は彼女が十七歳のとき、坪内逍遥の推薦により『中央公論』に発表した文壇デビュー作である。

谷川は、「今は飽食の時代ですから、そんな題でこんなに売れるはずがないのですが、安保の頃は日本全体がまだ貧しかった。それで庶民が共鳴した」（『魂の民俗学』）と回顧する。そんなタイトルの第一巻が爆発的に売れ、半年ぐらいで二十何版を増刷した。『風土記日本』も飛ぶように売れたが、『日本残酷物語』はいわば話題性を投じた」（同前）。

刊行後、「残酷」という刺激的なタイトルに便乗した映画がいくつも制作上映された。なかでも大島渚が監督した『青春残酷物語』は、昭和三十五年（一九六〇）六月に公開されて大ヒットを記録した。この映画からは、フランスのヌーヴェルヴァーグの日本版ということで「松竹ヌーヴェルヴァーグ」という言葉も生まれた。

イタリアの映画監督グァルティエロ・ヤコペッティの『世界残酷物語』は、世界各地の野蛮で残酷な奇習・風俗を描いたドキュメンタリーで、センセーショナルな話題を振りまいた（一九六二年三月イタリア公開、同年九月日本公開）。原題「Mondo Cane」を直訳すると「犬の世界」だったが、『世界残酷物語』が邦題になった。この映画は「ドキュメンタリー」を売りにしているものの、演出ややらせを取りいれたもので、この映画も大ヒットした。これ以降、いかがわしいドキュメンタリー映画は「モンド映画」と呼ばれるようになり、亜流の映画が数多くつくられていった。

日本でも国内の残酷映像を集めた『日本残酷物語』（一九六三年、中川信夫・小森白《きよし》・高橋典共同監督、新東宝興業）をはじめ、『武士道残酷物語』（一九六三年、今井正監督）、『幕末残酷物語』（一九六四年、加藤泰監督）など「残酷」をタイトルに冠した映画が続出した。なお文学の世界では、『日本残酷物語』刊行以前に、剣豪小説で知られる柴田錬三郎が昭和三十二年（一九五七）一月に『残酷物語』を、南條範夫が昭和三十四年（一九五九）に同じタイトルの本を刊行している。

このように『日本残酷物語』は「残酷ブーム」を呼びおこした。それにしても、高度成長の登り坂で、消費社会を生き始めた大衆は、『日本残酷物語』に描かれた民衆の「残酷」になにをみたのだろう。近過去のできごとでも、自分とはまったく無縁の世界だと感じる読者がいたであろうし、自分の先祖や現在の自分の境遇と重ねあわせながら読んだものもいたに違いない。次章では、多くの読者を獲得したこのシリーズが生み出された前史的な背景をみていきたい。

第二章

「民衆」はいかに描かれてきたか

1、下層社会報告とプロレタリア文学

「残酷もの」の草分け

日本の民衆が強いられてきた苛酷な労働、逃れることのできない貧しさ、地を這うような生活を記録した著作は、明治時代の半ばからみられるようになった。こういった『日本残酷物語』の先駆けともいうべき作品には、まずルポルタージュのかたちをとる一連の下層社会報告があり、昭和に入ってからは、社会主義思想、共産主義思想を背景にもつプロレタリア文学が出現してきた。

前者の代表的なものとしては松原岩五郎の『最暗黒の東京』（一八九三年）、横山源之助の『日本の下層社会』（一八九九年）、細井和喜蔵《わきぞう》の『女工哀史』（一九二五年）などがあり、後者には小林多喜二の『蟹工船』や徳永直の『太陽のない街』といった作品がよく知られている。

明治の下層社会報告としては『最暗黒の東京』以前にも先駆的試みがいくつかみられた。『朝野新聞』に連載された筆者不詳の『東京府下貧民の真況』（一八八六年）、『時事新報』

に連載された鈴木梅四郎の『大阪名護町貧民窟視察記』（一八八八年）、そして新聞『日本』に連載された桜田文吾の『貧天地饑寒窟探検記』（一八八九年八月～十一月）などである。東京・大阪二大都市の貧民窟探訪記で、明治二十六年（一八九三）六月に刊行された桜田の『貧天地饑寒窟探検記』は、松原の『最暗黒の東京』に大きな影響を与えたものであり、『日本残酷物語』もこのルポルタージュを参照している。

松原岩五郎『最暗黒の東京』

松原岩五郎の『最暗黒の東京』は、『国民新聞』の連載を土台に書き下ろしを加えて、明治二十六年十一月に徳富蘇峰の民友社から刊行された。松原は慶応二年（一八六六）鳥取県生まれ、別号に二十三階堂、乾坤一布衣、大盃満引生、岫雲などがあり、『最暗黒の東京』には「乾坤一布衣」の号が記される。松原は二葉亭四迷や幸田露伴の影響下に小説を書いていたが、『国民新聞』の記者となり、『芝浦の朝烟』『最暗黒の東京』などを連載。その後も、日清戦争に従軍して韓国の内情をルポした『征塵余録』、足尾銅山探訪記を含む『社会百方面』などを出版。晩年には博文館の雑誌『女学世界』の編集長を務めた。

『最暗黒の東京』で松原が取りあげたのは、日清戦争が始まる前の東京の下層社会であった。「東京三大貧民窟」といわれる下谷《したや》万年町、四谷鮫ヶ橋、芝新網町界隈とその周辺に生活を営む底辺生活者たちの姿を、松原は描きだす。

……ああ木賃なる哉《かな》、木賃なる哉、木賃は実に彼ら、日雇取、土方、立坊《たちんぼ》的労働者を始めとして貧窟の各独身者輩が三日の西行、三夜の芭蕉を経験して、しかして後慕《した》い来る最後の安眠所にして蚤、シラミ元より厭《いと》う処にあらず、苦熱悪臭また以て意となすに足らず、彼《か》の一畳一人の諸込部屋《もろごみべや》も五、六の破㕓《やぶれガヤ》に十人逐込《おいこみ》の動物的待遇も彼らのためには実に貴重なる瑶《たま》の台《うてな》にして、茲《ここ》に体《てい》を伸べ茲に身を胖《ひろ》くして身体疲労を恢復《かいふく》し、以て明日の健康を養い、以て百年の寿命を量るにあれば、破れ布団も錦繡《にしき》の衾《しとね》にして、截《き》り落しの枕もこれ、邯鄲《かんたん》の製作なりと知るべし。

『最暗黒の東京』にはまだ描かれていない、鉄工や女工といった近代的労働者を初めて捉えたのは横山源之助であった。

横山源之助『日本の下層社会』と農商務省『職工事情』

横山源之助は明治四年（一八七一）富山県下新川郡魚津町（現在の魚津市）生まれ。弁護士を志望して上京するものの、二葉亭四迷、川島浪速、松原岩五郎らの影響で社会問題に関心を移し、島田三郎が主宰する『毎日新聞』（現在の『毎日新聞』とは無関係）の記者となる。横山が『毎日新聞』で最初に発表した『戦争と地方労役者』は、郷里魚津を題材にした下層民報告で、以来、『都会の半面』をはじめとする社会探訪を紙上に発表していった。そして、産業革命期を迎えた日本における底辺労働者の実情を捉えた横山の下層社会報告の最大の成果が、明治三十二年（一八九九）に刊行された『日本の下層社会』であった。

先ず貧民多数の稼業において最も余輩の注意を惹くのは、万年町《まんねん》、山伏町《やまぶし》、神吉町、松葉町《まつば》に住める屑拾《くずひろい》これなり。紙屑と言うも種々あり。これを分てばボロ屑あり、紙屑あり。紙屑に西洋紙屑あり、日本紙屑あり、硝子《ガラス》屑あり、陶器屑あり、ランプの壊れあり、石炭のカケあり、古下駄《ふるげた》あり、古草鞋《ふるわらじ》あり、古縄あり、明俵《あきだわら》あり、汚れ褌《ふんどし》あり、破《や》れ足袋《たび》の片タ足あり、簪《かんざし》の足あり、缶の曲《ゆが》めるがあり、世に器具物品に千種万別あると共に、天下にあらゆる廃物汚物は屑拾の籠《かご》に集まりて事物の運命を示す。

『日本の下層社会』を刊行した翌年、横山は、農商務省による工場調査に嘱託として起用されることになる。この調査報告は明治三十六年（一九〇三）に『職工事情』（全五冊）としてまとめられた。

『職工事情』は「綿糸紡績職工事情」「生糸職工事情」「織物職工事情」などから構成され、明治時代における女子労働者の記録として最も詳しいものである。賃金・募集・寄宿舎など労働条件全般にわたる実態を調査、記録し、日本の中枢産業であった紡績・生糸、織物における粗製濫造、低賃金と苛酷な労働実態、人身売買契約などを指摘。明治四十四年（一九一一）に成立した日本で最初の労働立法である「工場法」の必要性を基礎づけるものであった。それは進歩的官僚の立場から、産業の高度化、合理化の方策を説いたものであったが、戦前の日本では一般の目にふれることはなかった。

細井和喜蔵『女工哀史』

『日本の下層社会』でも調査の対象になっていた生糸女工や紡績女工の生活記録として、古典的地位を占めるのは細井和喜蔵の『女工哀史』にほかならない。大正十四年（一九二五）七月に初版が刊行されるとたちまち版を重ねたこの本は、現在も文庫版のかたちで読みつがれている。そのタイトルにならい「……哀史」とつけ、さまざまな業態の苛酷な労働状況を告発した本は枚挙に暇がないほどである。

細井和喜蔵は明治三十年（一八九七）京都府与謝郡加悦町（現・与謝野町）に生まれ、小学校中退後、約十五年間紡績工場で働いた経験をもつ。『女工哀史』で気鋭のルポルタージュ作家として認められたものの、刊行の一ヶ月後、貧困のうちに世を去った。紡績工の生活を描いた『工場』や『奴隷』などの著作を残した。『女工哀史』において細井は職工時代の体験をもとに、女子労働者の募集について具体的に叙述する。

募集人の多くはさながら「嘘」から誕生したような人間で、もう有ること無いことを吹き散らし、嘘八百を並べ立てて善良無垢な鄙人《ひなびと》を瞞着するのである。これは独り我が紡績工場に限らず製糸工場における女工募集にも共通なことであるが、彼らはこれと見込んで並々の手段でゆかない場合「恋」を応用して陥し入れるような陥策を弄《ろう》することも敢《あえ》て珍しくない。

肺結核を持って村娘は戻った。娘はどうしたのか知らんと案じているところへ、さながら幽霊のように蒼白くかつ痩せ衰えてヒョッコリ立ち帰って来る。彼女が出発する時には顔色も赭らかな健康そうな娘だったが、わずか三年の間に見る影もなく変り果てた。

細井によると、女工募集の第一期は明治十年から日清戦争ころまでで、その時期には誘拐的な募集もなく、退社は自由で、強制送金などもなかった。しかし、産業革命の進展と工場工業の確立、大陸市場の開拓が女工の募集難をもたらし、年期契約や女工の争奪、強制送金制度が始まった。さらに企業でも誘拐をゆるすような気風が生まれてきた。こうした詳細なデータもさることながら、体験に裏打ちされた描写力が『女工哀史』の迫真性を支えているのである。

煙突は怒濤《どとう》に翻弄《ほんろう》される舟の帆柱のごとく、今にも倒れそうに、そして折れそうに揺《ゆ》らぐ。防火壁は倒壊し、煉瓦と金物と死体は雑然としてその後に残った。レールは折れ支架は飛び、軸は飴のごとく曲って、精巧なりし機械の跡形もない。

破壊された鋳物《いもの》の下敷きになった少女工、煉瓦が胴腹《どうなか》へはいり、軀体《からだ》を半分埋められた男工、または口に鉄棒の貫いた老婆、脚のない者、手のない者、首の失える者、砂にまみれた肉片、その凄惨たる光景は戦場よりも酷《ひど》かったであろう。

これは爆発炎上事故の際、工場内に閉じこめられた女工たちの無残な最期を描いた部分である。こういったリアリスティックな描写力は、その後に現われる「残酷もの」に大きな影響をおよぼした。

今和次郎『大東京案内』

昭和四年（一九二九）に中央公論社から刊行された今和次郎《こんわじろう》編纂『新版　大東京案内』は、関東大震災以後、急速な復興を遂げた首都の姿を、「案内書」の形式で活写している。

今和次郎は明治二十一年（一八八八）青森県生まれ。東京美術学校図按科卒業後、柳田国男の影響下で民家研究者として活動を開始、『日本の民家――田園生活者の住家』（一九二二年）を刊行した。昭和に入り、「考現学」を提唱して、繁華街、貧民窟、郊外の生活相を網羅的に採集。『新版　大東京案内』も刊行時期から、各項目の執筆者は、吉田謙吉をはじめとする考現学グループとみられる。

「大東京序曲」「東京の顔」「動く東京」「盛り場」「享楽の東京」「遊覧の東京」「東京の郊外」「特殊街」「花柳街」「東京の旅館」「生活の東京」「細民の東京」「学芸の東京」「市政と事業」といった目次を見わたすだけでも、このガイドブックの個性がわかる。「動く東京」の章では、官衙《かんが》・新聞社・デパート・オフィス街とならべて、兵営や刑務所を取りあげ、「特殊街」というくくりで、書店街・古着屋街・下宿街とともに山カン横丁やお妾横丁を紹介する。「東京の郊外」で人口増加に詳しくふれているところも、郊外にいち早く着目した考現学グループならではのものである。また「市井と事業」の第二節は「市会・疑獄」と題して、当時発生した疑獄事件があつかわれる。

なかでも最もユニークな章は、「東京生活百態」と「新職業百態」からなる「生活の東京」だろう。ここでも郊外生活として、「省線によって運ばれる俸給生活者群」が描かれ、不良少女・テキヤ・浮浪者といった「盛り場を根城とする不良群」の生態が写しだされる。またマネキン・代表的搾取看護婦会・口入れ屋・ブローカーといった東京に出現した新しい職業にも着目し、詳しく叙述する。そして「細民の東京」ではその人数、居住地、搾取者や生活状態、職業、収入、教育水準などが明らかにされる。

彼等の生活手段は、もっとも珍奇である。バッタというのがある。塵箱《ごみばこ》から塵箱を飛び廻って目ぼしいものを漁《あさ》って歩く商売である。オッカケというのがある。人の車の後押しをして押し賃を取る立ちん坊のことである。ヅケ屋というのがある。残飯を貰い集めて、それをぐれ仲間に売る商売である。ヤマ稼ぎというのがある。塵溜《ごみため》、塵《ごみ》焼き場《ば》へ出かけて、金目のものを拾う商売である。それからもう一つ、これ等ぐれ仲間を相手にひと時の、あるいはひと夜の春を売る女たちがいる。

この仲間でも乞食が一番豪勢で、曲りなりにも掘立小屋を持ち、数百金を所持して、仲間相手の高利貸しをしているものもあるという。


「東京案内」と銘打ちながら、「貧民」「細民」のどん底の生活を捉えたところに、民俗学から入り考現学にたどりついた今和次郎の問題意識がにじみでている。

関東大震災によって、『最暗黒の東京』や『日本の下層社会』に描かれた貧民窟の一部はなくなり、あるいは縮小した。しかし、大東京の片隅にはその後も、最下層民の生活が息づいていることを、今和次郎たちは強調したのだった。

賀川豊彦『貧民心理の研究』

キリスト教にもとづく社会運動家、社会改良家賀川豊彦の『貧民心理の研究』には、これまで紹介してきたルポルタージュ群と手法や目的は異なるものの、注目に値する貧民描写がみられる。

賀川は明治二十一年（一八八八）兵庫県神戸市生まれ。神戸神学校在学中にキリスト教伝道活動に入り、貧民救済活動に従事。友愛会関西労働同盟会の結成に加わり、川崎・三菱造船所争議など労働組合運動、農民組合運動にたずさわった。また世界連邦運動にもかかわり、平凡社の創業者下中彌三郎とも交流。小説に『死線を越えて』『一粒の麦』などがあり、大正四年（一九一五）東京警醒社から出版された『貧民心理の研究』は、賀川が著述家として世に送った初めての大著だった。

賀川が神戸新川の貧民窟で経験した体験と、人文・社会・自然科学の理論にもとづき、貧民の生活状態や生活環境、その心理を描きだす。社会改良をほんらいの目的にしているためにかえって、差別や偏見とみなされる部分があるものの、ここに描かれた貧民窟の情景は一読に値する。

たとえば「生活難の貧民心理に及ぼす影響」と題する章では住宅問題を取りあげ、貧民の「家」にたいする観念を検討する。

> もう凡ては悲哀のかたまりである「二畳敷」に落ちたが最後、人間としての品位は全く無いのである。誰れがこれらの人々に人間らしき生活を要求するのだ。足を延ばせば壁を突き破る様な一坪の家に、竈も、ランプも、蒲団も、棚も、飯櫃も、水瓶の一つもあるではなく、唯有るとすれば、箱の三つ四つ、カンテラ、襤褸《ぼろ》屑に竈がわりの石が三つ四つ、欠茶碗に、竹箸、土鍋に缶子位いのもの。之だけが家の諸道具の全

部だとすれば、棒上げに売払うにしても、古道具屋は一銭の金も払うまいが、それでも之が実際、私の住んで居る貧民窟の今日の現状であるから、可哀相なものである。

こういった描写はどこか、考現学グループの採集的なスタイルと共通する部分がある。また社会科学的な研究書の体裁を取りつつも、賀川の主観的な感想が述べられているところが『貧民心理の研究』の個性でもある。

私が喧嘩が好きなのは人間が殺されるからでは無い。本気でやっているからである。口穢《くちぎたな》く云い罵り合うからでは無い。正義が勝たんと努力して居るからである。刀がきらめくからでは無い。血が迸るからである。

右の引用は第三編第六章「貧民の喧嘩の研究」のなかの一節だが、貧しい人々と生活をともにした賀川ならではの人間味あふれる記述であろう。

プロレタリア文学

一九二〇年代から一九三〇年代前半にかけて隆盛した「プロレタリア文学」は、個人主義的な文学表現を否定し、社会主義思想・共産主義思想のスローガンを物語に取りいれた文学運動だった。民衆史や生活誌を意図した叙述スタイルではないものの、労働に力点をおいた主題、苛酷な生活環境をあぶりだしたリアルな描写という点で、『日本残酷物語』にも大きな影響をおよぼしたと考えられる。

プロレタリア文学の代表作には、葉山嘉樹の『海に生くる人々』（一九二六年）、小林多喜二の『一九二八年三月十五日』（一九二八年）、『蟹工船』『不在地主』（一九二九年）、窪川（佐多）稲子の『キャラメル工場から』（一九二八年）、徳永直の『太陽のない街』（一九二九年）などがある。作品の数自体は多いものの、プロパガンダ文学の枠を越えて、読みつがれている作品はそのごく一部である。

そんななかで小林多喜二の『蟹工船』は、劇的な物語構成、傑出した表現力によって今日まで文学的評価が高い。北海道の海上でカニ漁と缶詰め加工を強いられる労働者が、暴力的支配に立ち向かうさまを描いた作品で、実際におこった争議をモチーフに、細部を支える文学性が苛酷な状況を描きえている。

漁夫の「穴」に浜なすのような豆電気がついた。煙草《たばこ》の煙や人いきれで、空気が濁って、臭《くさ》く、穴全体がそのまま「糞壺《くそつぼ》」だった。区切られた寝床にゴロゴロしている人間が、蛆虫《うじむし》のようにうごめいて見えた。

湯灌《ゆかん》をしてやるために、着物を解いてやると、からだからは胸がムカーッとする臭気がきた。そして不気味なまっ白い、平べったい虱《しらみ》があわててゾロゾロ走り出した。鱗形《うろこがた》に垢《あか》のついたからだ全体はまるで松の幹がころがっているようだった。胸は、肋骨が一つ一つムキ出しに出ていた。脚気がひどくなってから、自由に歩けなかったので、小便などはその場でもらしたらしく、一面ひどい臭気だった。

明治大正の下層社会報告でも文学的な表現はみられたものの、昭和のプロレタリア文学では、描写がより洗練されたものになっている。とくに『蟹工船』は二十一世紀に入り、その主題と表現力、あるいはその「残酷さ」から、改めて脚光を浴びることとなった。

多喜二の没後七十五年にあたる平成二十年（二〇〇八）、新潮文庫版の『蟹工船・党生活者』は、上半期だけで四十万部が増刷され、例年の百倍という売れゆきをしめした。このリバイバルヒットは、ちょうどこの年の時期に貧困問題や過重労働問題が騒がれていたことが遠因のひとつであった。とくに若年層にとってプロレタリア文学の文体はそれまでなじみが薄く、現代文学とは異なるリアリティに新鮮な驚きを感じたかもしれない。

徳永直の『太陽のない街』は、小林多喜二の『蟹工船』とならぶ、プロレタリア文学の名作として知られる。昭和四年（一九二九）六月号から雑誌『戦旗』に連載。発表直後から評判になり、連載完結を待たず、同年十二月に戦旗社から「日本プロレタリア作家叢書」の一冊として刊行された。

大正十五年（一九二六）に徳永自身が経験した東京都文京区小石川の共同印刷（作中では「大同印刷」）のストライキを題材に、争議の実態、労働者側が敗北に追いこまれていくまでの実情を、リアルに描いた。

高台下のどぶ川に沿った谷底で窮迫してゆく貧民の生活、資本家との戦いにめざめた労働者とそれを支える婦人たちの姿が、陽の当たらないトンネル長屋という住環境を背景に写しだされる。

……あのやっと一平方哩にも足りない谷底に東京随一の貧民窟トンネル長屋があり、十数年前の千川上水が、現在では、あらゆる汚物を呑んで、梅雨期と秋の霜雨には、きまって氾濫しては、四万の町民を天井へ吊し寝床を造らせている。（略）まして、四ヵ町の労働者、小商人の生死の浮沈ともなっている、目下の大同印刷争議が、日々に悪化し、予期し得ざる危険が、今夜にも勃発しないとも限らない現状を、あの老校長といえども知らざるを得なかったからだ。
太陽は、山から山へかくれんぼした。
「谷底の街」は事実「太陽のない街」であった。

プロレタリア文学は、社会主義運動、共産主義運動にたいする激しい弾圧により、急速に退潮することを余儀なくされた。しかし、明治大正の下層社会報告とともに、最下層の民衆の生活や労働実態に光をあて、最下層の暮らしを表現するために工夫された文学技法などから、民衆史を補完するものとして再検討されるべきであろう。

2、民衆と民俗学

長塚節『土』と農民文学

明治時代半ばに簇出した下層社会ルポルタージュ群と、昭和初期のプロレタリアート文学のはざまに、農民の実生活を扱った農民文学があった。その代表的な作品として知られるものに、長塚節の『土』がある。長塚は明治十二年（一八七九）茨城県生まれ。正岡子規に師事し、師の没後はアララギ興隆の基礎を築いた。文学活動のほか、郷里で炭焼き、肥料改良などの農事研究にも従事した。

長篇小説『土』は明治四十三年（一九一〇）『朝日新聞』に連載。夏目漱石の序をつけて、大正元年（一九一二）に春陽堂から刊行された。『土』が新聞連載された明治四十三年は、柳田国男の『遠野物語』が刊行された年でもある。長塚の郷里である鬼怒川沿いの寒村を舞台に、貧農である勘次一家の人間関係と生活を写実的に描いた。小説の形式をとるものだが、いくら働いても貧しさから逃れられない小作農民の悲惨な生活実態がここには描きだされている。

……貧乏な小作人の常として、彼等は何時でも恐怖心に襲われている。殊《こと》にその地主を憚《はばか》ることは尋常ではない。そうして自分の作り来《きた》った土地は、死んでも齧り附いていたい程、それを惜むのである。彼等の最初に踏んだ土の強大な牽引力は、永久に彼等を遠く放たない。彼等は到底その土に苦しみ通さねばならぬ運命を持っているのである。

一家がもつ農地はごくわずかで、農作業の合間に夫は日雇い、妻は行商に出て収入を補う。不意の出費には、地主からの借金で工面する。農業に専念できないうえ、肥料などを購入する資金がないため、十分な生産をあげることができず、返済することもままならない。

勘次の田畑は晩秋の収穫がみじめなものであった。それは気候がわるいのでもなく、又土地が悪いのでもない。耕耘《こううん》の時期を逸しているのと、肥料の欠乏とで、幾ら焦慮《あせ》っても、到底満足な結果が得られないのである。貧乏な百姓はいつでも土にくっついて食料を獲《う》ることばかり腐心しているにも拘《かか》わらず、その作物が俵《たわら》になれば、既に大部分は彼等の所有ではない。その所有であり得るのは作物が根を以《もっ》て田や畑の土に立っている間のみである。小作料を払ってしまえば既に手をつけられた短い冬季を凌《しの》ぐだけのことが、ともすれば漸《ようや》くのことである。

夏目漱石は『土』によせた序文のなかで、「『土』の中に出て来る人物は、最も貧しい百姓である。教育もなければ品格もなければ、ただ土の上に生み付けられて、土とともに生長した蛆《うじ》同様に哀れな百姓の生活である」と記す。このように寄生地主制下における小作農民の地を這うような生活実態は、漱石にとって驚くべきものだった。

歴史学者の中村政則は『日本の歴史29　労働者と農民』（一九七六年）のなかで、明治の作家は、長塚節の『土』と真山青果《まやませいか》の『南小泉村』以外、農民の問題を視野に入れた作品はほとんどなかったと指摘する。しかし戦前の民衆を語るとき、農民という存在を抜きにすることはできず、戦前の日本資本主義の発達の特質は、農民問題・農村問題を離れて論じることはできないと中村は強調するのである。

小山勝清の農村と民俗

明治の農民生活を描いた長塚節、真山青果より下の世代ではあるものの、日本の農村社会を文学作品に登場させた作家に小山勝清がいた。

小山は明治二十九年（一八九六）熊本県生まれ。「小山」の読みを東京では「こやま」、熊本では「おやま」で通した。中学卒業後、堺利彦の門下生となり、労働運動、農民運動を経験したのち、民俗学にたいする関心から柳田国男に師事する。戦前は『少年倶楽部』に連載した『彦一頓智ばなし』で名声を博し、戦後の作品では『それからの武蔵』が広く知られる。

宮本常一は、小山勝清が書いた作品を少年雑誌で読んで感銘を受けたことがある、と回想する。それは球磨地方の山中の生活を小説風に書いた作品で、単行本になったが、宮本は書名を覚えていないという。しかし宮本が読んだ物語は次のようなあらすじであった。

村のものが少し頭のよくない乞食の女を、罵ったり石を投げたりしていじめていた。それをみかねた大家の息子が村人たちをたしなめると、村人たちは乞食の女をいじめなくなった。大家の息子がよいことをしたと思っていると、女が来て、「村人がからかわなくなると同時になにも食べものをくれなくなった、私は途方にくれています」と訴えた。

……いじめたり、からかったりするということは関心をもっているということであり、したがって食物も与える。からかわないということは無視することであり、度外視することである。つまり虐げていると見えるものの中に連帯意識がある。この話は私の心をつよく打った。小山勝清の書いたような事象は私の村にもいくつもあり、共通することの多いのに驚きもしていた。(略)しかしそれだけではなく、群をなして生きるということは、それ自体が相互扶助を本能的に必要としているからである。

(宮本常一『日本の民俗』第十一巻『民俗学のすすめ』一九六五年)

宮本はこういった感想を、柳田国男に述べたことがあった。すると柳田から、「そういう態度で物を見ることは大切だから、できるだけ農民の相互扶助的な生活伝承を追求していくように」といわれた。そこでできるだけそういった話を聞きあつめ、また書物から書きぬき、それを『常民互助の道』と題して一冊にまとめたことがあった。それは体系立ったものではなく、出版のあてもなかったので、「座辺において」いたという。しかしそれは、昭和二十年（一九四五）の戦災で焼失してしまった。なお佐野眞一は『旅する巨人――宮本常一と渋沢敬三』のなかで、金銭の無心や訪問の際の身なりなどの理由から、柳田国男が小山を破門したという挿話を紹介している。

柳田国男と「民衆史」

柳田国男は東京帝国大学で社会政策学派の経済学を学び、農商務省農務局農政課に進んだ。そして彼は、農民問題が発生した歴史の解明と解決策、日本農民史と農業政策の研究を生涯の課題とし、この二つを論じた『日本農民史』を書いた。『柳田國男全集29 時代ト農政 日本農民史 都市と農村 ほか』（一九九一年）の解説や『柳田國男事典』（一九九八年）の「農政学」にかんする項目を執筆した藤井隆至は、柳田の農民史研究を、自立不可能なまでに零細な農業経営が広範に形成される理由を問う研究だ、と評価する。

『日本農民史』は大正十五年（一九二六）四月に、早稲田大学政治経済科講義録として発表されたものを、昭和六年（一九三一）刀江書院から刊行。全体は「序論」「一　農村」「二　農家」「三　農民とその境遇の変化」からなる。柳田は、「説明の順序としては、第一に村、それから村を作る家、それから家を構成する人のことを考え、その次に人と自然との交渉、人の他の人の群との関係を知るために、生活技術・生活様式の変遷を考え、そうして最後に我々に与えられている機会、まさに来たらんとする歴史、すなわち我々の学問の結論の方へ進んで行ってみたいと思う」と構成の意図を述べる。

農民史に関する日本の著述も、最近十年間に相応の数に上っている。ただ残念なことにはその多くには、最初から傾向があり、または限られたる目的がある。たとえば地主と小作人との闘争のごときは、目下興味ある好題目であり、もちろんまた有益な知識ではあるが、その数百年間の変化を正当に理解するためには、なおさらもっと一般的なる知識の準備を要するわけであるのに、その類の書物の参考として諸君に推薦し得るもののないのは遺憾《いかん》である。

『日本農民史』における柳田の問題意識は、第一次世界大戦後に多発するようになった農村での小作争議を、どう理解し、どう解決していくかに焦点がしぼられる。そして、農村から小作争議へ接近していくという手順を踏んで問題の核心に迫っていこうとしている、と藤井は解説する。

柳田国男が手がけた歴史叙述ということでは、『明治大正史世相篇』（一九三〇年）も重要である。柳田がここで試みたのは、日本の近代以降の風俗的変貌によって、日本人の心性がどう変化したか、あるいは変化しなかったかを捉えようとしたことであった。そのためこの著作は、「明治大正史」と銘打ちながら、「何年何月に何々がおこった」という編年体をとらなかった。つまり「常民」の心性の歴史は、従来の歴史書のようなスタイルでは描きえないというのが柳田の考えかたであった。

……生活の階段が今のように細別せられるようになったのは、むろんある程度までの消費が自由になってから後であり、従うて都市には貧困の者が数限りもなくいるように見えたのであるが、たとい表面にはその差等は現れておらずとも、貧が人間の家を覆えす悪魔であることは、田舎とても変りはなく、あるいはむしろ無邪気にその危難を覚らぬ者が多い結果、惨害はかえって町よりも大きかったとも言える。その状勢に夙《はや》く心付いて、予防と血路の切開きに苦慮する者の多くなったということは、決して不幸なる新現象と見るわけに行かぬのである。

（柳田国男『明治大正史世相篇』第十二章「貧と病」）

いま引いた『世相篇』の「貧と病」という一章には、民衆の生活実態や貧困のリアルな表現をみることはできない。このことは柳田国男がめざした「心の民俗学」の貧しさにたいする限定的な姿勢を示唆するものといえるだろう。

毎日ライブラリー『日本人』

平凡社ライブラリー版『日本残酷物語1　貧しき人々のむれ』の解説で民俗学者の大月隆寛は、柳田国男編『日本人』を、民俗学が日本人を描いた先駆的でまとまった著作として紹介している。『日本人』は昭和二十九年（一九五四）に「毎日ライブラリー」の一冊として刊行。このライブラリーではそれまでに、伊藤整編『日本の文学』、中野好夫編『世界の文学』、土方定一編『美術』、鈴木大拙編『宗教』、大塚久雄編『近代の産業』、武谷三男編『原子力』といった書目が刊行されていた。

『日本人』はすでに老境に達していた柳田国男と、彼の民俗学と問題意識を共有する民俗学者、歴史学者による共著である。構成と筆者は以下のとおりである。「一　日本人とは」（柳田国男）、「二　伝承の見方・考え方」（萩原龍夫）、「三　家の観念」（柳田国男）、「四　郷土を愛する心」（堀一郎）、「五　日本人の生活秩序」（直江広治）、「六　日本人の共同意識」（最上孝敬）、「七　日本人の表現力」（大藤時彦）、「八　日本人の権威観」（和歌森太郎）、「九　文化のうけとり方」（萩原龍夫）、「一〇　不安と希望」（堀一郎）。巻末には七人の著者による「日本人」座談会が収録されている。現在の民俗学の水準からみると、表現や認識に偏りがみうけられるものの、柳田、堀、和歌森の論考はいまでも読みごたえがある。なかでもやはり、柳田が戦後九年という時期に日本の「人口」に注意をよせていた点などは、改めて検討する余地があるのではないだろうか。

まず考えないでおられないことは、人口の問題である。これはおそらく過去二千年の歴史中でも、かなり重要な問題を含んでいたにもかかわらず、最近まであまり注意を払う人はなかった。明治初年の統計に表われた人口は、たしか、三千万人をわずかに上まわっておったものが、今はその三倍近くの人口に達したという現象になるまでには、かなりの社会的な変化がなければならない。（略）われわれの知る限りでは、明治よりもわずか以前までには大規模なききんがあり、地方には数えきれぬほど広い面積にわたって、少し人口が増加するともうすぐにそういう結果に見舞われるという時代がかなり長く続いた。それからまた飢餓に対する不安や悲しみをまぬかれようとするいくつかの信仰も手伝って、いっそう人をして消極的に導き、人口の増加をおさえようとしていたのは事実である。

（柳田国男「一　日本人とは」）

『明治大正史世相篇』も『日本人』も、柳田国男の「心の民俗学」を体現した著作であった。それにたいして、宮本常一と谷川健一が『風土記日本』『日本残酷物語』でめざした「民衆史」「民衆の物語」は、左翼的な唯物史観とともに、柳田民俗学の民衆（常民）観、歴史観を越えていこうと意識したものであった。なお『日本残酷物語』の編集者のひとりである小林祥一郎は、柳田は、「残酷物語」という書名に衒《てら》いを感じるといってあまり好感をもっていなかった、という。さらに第一巻の序文に『山の人生』が引用されていることについても、その使い方に違和感を覚えていたようだという。

……わたしたちがいう「残酷」とは、特殊な事件や怪奇な現象ではなく、人びとが生きていくための普遍的な残酷さ、その現実の姿を提示することだった。しかし、そのまぎらわしさが、柳田さんの目には、あざとく見えたのであろう。

（小林祥一郎『死ぬまで編集者気分』）

柳田が「まぎらわしさ」や「あざと」さを感じた部分は、『日本残酷物語』の編集方針の、ある側面を鋭く捉えたものだといえるだろう。晩年の柳田にとって、宮本と谷川が提示しようとしていた民衆観は、長年にわたり自らが育んできた「常民」観とは認識が異なるものとみえたに違いない。

3、一九六〇年前後――高度経済成長へ

昭和史論争

昭和三十年（一九五五）に岩波新書の一冊として刊行された『昭和史』（遠山茂樹・今井清一・藤原彰著）は、マルクス主義歴史学とその歴史観にもとづいて昭和史を記述し、新しい切り口が受けいれられてベストセラーになった。しかし論壇では、文芸評論家の亀井勝一郎の批判を契機に論争がまきおこった。いわゆる「昭和史論争」である。『風土記日本』と『日本残酷物語』において、宮本常一と谷川健一は唯物史観に批判的であったが、『昭和史』の反響は、彼らの企画にもなんらかの影響をおよぼしたことだろう。

亀井は『昭和史』の文体について、歴史的事実を羅列しただけで、人間が描かれていないと批判。さらに歴史を描く際には、文章に魅力がなければ説得力がないと主張し、階級闘争史観を前面に出した記述を否定的に捉えた。この亀井の批判にたいして、歴史学者の井上清、江口朴郎らが反論、遠山茂樹、和歌森太郎も歴史学は科学的であるべきものであり、文学とは峻別されるべきだ、と応じた。さらに、亀井に同調した松田道雄、山室静、竹山道雄らも論戦に加わったが、『昭和史』の著者たちは昭和三十四年（一九五九）八月、論争をもとに改訂版を刊行することで、当初の版は絶版にした。

『昭和史』は、戦後の歴史書ブームの端緒となった一冊でもあった。『日本残酷物語』が創刊された昭和三十四年の一月には、読売新聞社からシリーズ『日本の歴史』（全十二巻）が刊行を開始（翌年一月完結）、第一巻は二十六万部も売れた。そうしてこれ以降、各社から歴史全集が次々と出版されていくのである。

高度経済成長のさなか

昭和三十二年から三十三年にかけて刊行された『風土記日本』（全七巻）と昭和三十四年から三十六年にかけて刊行された『日本残酷物語』（全七巻）。主題と構想、刊行動機と執筆編集スタッフの面で深いつながりをもつ二つのシリーズが、どのような社会状況、世相風俗のなかで刊行され、どのような読者に迎え入れられていったか。昭和三十年代、西暦でいうところの一九五〇年代後半から一九六〇年代前半までの時代状況を年譜風に概観することにしよう。

朝鮮戦争をきっかけに復興の基盤をかためた日本経済は、昭和三十年（一九五五）ごろから本格的な成長期を迎えた。昭和三十年半ばから三十二年夏まで約二年にわたってつづいた「神武景気」は、戦後初めての長期にわたる好景気で、国民一人当たりの実質GNP（国民総生産）も、昭和三十年には戦前のレベルを超えた。国民生活もテレビ、電気洗濯機、電気冷蔵庫のいわゆる「三種の神器」に代表される電化時代を迎えることとなった。

昭和三十一年に刊行された『経済白書』（昭和三〇年度版）は、「もはや〈戦後〉ではない」と記し、戦後の経済復興の完了を告げた。しかし、昭和三十二年夏から昭和三十三年秋にかけての「なべ底不況」と呼ばれる反動不況期には、中小企業の倒産が続出した。

昭和三十年代には、新技術・新産業も登場。新しい産業の代表は原子力、石油化学、合成繊維、電子工業などであった。新規産業が勃興するいっぽうで、かつての基幹産業だった海運や石炭は不況産業に転落した。好況により所得水準が向上し、国民の消費構造も変化していった。量産によるコストダウンによって、爆発的に販売量を伸ばし、余暇時間の増大とともに、レジャー消費も高まった。

「岩戸景気」と『三丁目の夕日』

昭和三十二年（一九五七）、石橋湛山首相が病気のため辞任し、岸信介内閣が誕生した。茨城県東海村の原子力研究所で原子炉が臨界点に到達、南極越冬隊が昭和基地を開設した。第五北川丸の沈没事故で死者・行方不明者百十三人、諫早豪雨は死者八百五十六人という大被害をもたらした。イギリスがクリスマス島で初の水爆実験をおこない、ソ連のウラル地方で原子力事故が発生したものの発表は伏せられた。イギリスではウィンズケール原子炉火災事故が起こった。ソ連の人工衛星、スプートニク1号の打ち上げが成功した。北海道を舞台にした原田康子の『挽歌』がベストセラーになり、深沢七郎が『楢山節考』で第一回中央公論新人賞を受賞。チャタレー事件の最高裁判所大法廷判決で、発行人の小山書店代表と翻訳者の伊藤整の有罪が確定した。

昭和三十三年（一九五八）七月から昭和三十六年十二月までの四十二ヶ月にわたって、「神武景気」を上まわる大好況、「岩戸景気」が到来した。岩戸景気は、高度成長期の幕明けを告げるもので、若年サラリーマンや労働者の収入が急激に増加した。国民のあいだに中流意識がひろがり、中産層が大量消費社会をリードしていった。

本州と九州を結ぶ関門国道トンネルが開通、東海道本線東京・大阪間で国鉄初の電車特急「こだま」が運転を開始した。南海丸沈没事故で乗員乗客百六十七人が死亡、全日空機下田沖墜落事故で乗員乗客三十三人全員が死亡。阿蘇山で大爆発が起こり死者十二人。狩野川台風が神奈川県に上陸し、死者・行方不明千二百六十九人の被害を出した。小松川女子高生殺人事件が発生。十一月二十七日に宮内庁が皇太子明仁親王と正田美智子の婚約を発表。東京タワーが完工した。売春防止法が施行され、国民健康保険法が公布された。プロレスブームで力道山が活躍。満州を舞台にした五味川純平の小説『人間の条件』がベストセラーになり、大江健三郎が『飼育』で第三十九回芥川賞を受賞した。なお、東京下町を舞台に、平成十七年（二〇〇五）に公開されて大ヒットした『ALWAYS 三丁目の夕日』は、この昭和三十三年が時代背景として想定されている。

「六〇年安保」の前後

昭和三十四年（一九五九）十一月三十日、『日本残酷物語』は第一部『貧しき人々のむれ』を皮切りに、全七巻の刊行が開始された。この年のGNPは前年比十七・五％増と戦後最高を記録、さらに翌年も十四・〇％と高水準を持続し、日本経済は高度成長時代の坂道をかけのぼっていった。新しい中産層は大量消費社会、消費革命のリード役を果たした。

昭和三十四年四月十日に皇太子明仁親王（今上天皇）と正田美智子が結婚。東海道新幹

線が起工式をおこなう。IOC総会で、昭和三十九年（一九六四）の夏季オリンピックの開催地が東京に決定。沖縄の宮森小学校で米軍機が墜落し、死傷者を多数出す惨事となった。伊勢湾台風が襲い、明治以後最大の被害をもたらした。日朝協定で北朝鮮への在日朝鮮人の帰還事業が始まる。熊本大学医学部が水俣病の原因物質が有機水銀だと公表した。シャルル・ド・ゴールがフランス初代大統領に就任。ザ・ピーナッツがデビューし、少年漫画雑誌『週刊少年サンデー』（小学館）と『週刊少年マガジン』（講談社）が創刊された。

昭和三十五年（一九六〇）は、「六〇年安保闘争」で騒然とした年だった。

六月十五日に改定安保条約の批准を阻止する全学連七千人が国会に突入、樺美智子が死亡した。岸信介首相の辞任を受けた第一次池田内閣が成立し、池田勇人首相が所得倍増計画を発表。日本社会党の浅沼稲次郎委員長が日比谷公会堂で右翼の少年に刺殺された。三池闘争が激化。チリ地震が発生し、三陸沿岸でも津波被害が発生した。フランスがサハラ砂漠で初の原爆実験をし、第四の核保有国に。一月一日にカメルーンがフランスから独立したのを皮切りに、アフリカで独立が相次ぐ。カラーテレビの本放送が開始。澁澤龍彥訳のマルキ・ド・サド『悪徳の栄え・続』がわいせつ文書として押収された。

『日本残酷物語』は昭和三十六年（一九六一）の一月、現代篇2『不幸な若者たち』で全七巻が完結。年初に完結しているものの、この年のできごともみていくことにしよう。

前年に発表された深沢七郎の小説『風流夢譚』をきっかけに、中央公論社の社長宅が襲われ、一人が死亡、一人が重傷を負う。福岡県の上清炭鉱火災で七十一人が窒息死し、戦後最大の坑内事故となる。第二室戸台風が上陸して大阪湾岸が被災。大阪の釜ヶ崎で暴動が発生した。公明党の前身「公明政治連盟」が発足。ジョン・F・ケネディがアメリカ合衆国大統領に就任、キューバのカストロ首相がハバナ宣言を発した。東ドイツが東西ベルリンの境界を封鎖。大韓民国で朴正煕らによる軍事クーデターが発生。ソ連が核実験を再開し、アメリカも地下核実験再開を決定した。人類初の有人衛星、ソ連宇宙船ボストーク一号が地球一周に成功、ガガーリン飛行士の「地球は青かった」が流行語になる。坂本九の「上を向いて歩こう」が大ヒット。小田実の『何でも見てやろう』、松本清張の『砂の器』がベストセラーになり、平凡社から『国民大百科事典』（全七巻）が発売された。

いまから半世紀前の政治状況、社会状況をみてみると、現在継続中の課題がこのころにも沸騰していたことがわかる。日米問題、沖縄をめぐる問題、原子力と核兵器……。伊勢湾台風が猛威を奮い、炭鉱では坑内事故が起こった。公害や薬害といった問題については、『日本残酷物語』の「現代篇」においてリアルタイムに描かれていくことになるのである。

第三章

最暗黒の「近代」

――飢餓・棄民・災害

1、弱きものをめぐって――『貧しき人々のむれ』

掠奪者、乞食、遊女で満ちた国

『日本残酷物語』の第一部『貧しき人々のむれ』には、そのタイトルどおり、貧困のなかであえいだ民衆が次々と登場する。

巻頭にはすでに紹介した、「これは流砂のごとく日本の最底辺にうずもれた人々の物語である」で始まる「刊行のことば」が掲げられる。さらに続けて、この巻の編集意図を示す「序」を収録。「刊行のことば」は第一部だけに収録され、各部に序文が付く点は全巻に共通している。

『貧しき人々のむれ』は「追いつめられた人々」「病める大地」「弱き者の世界」の三つの章から構成される。中条百合子の『貧しき人々の群』にあやかったタイトルのとおり、貧困の悲惨や死に至る恐怖が全篇に満ちあふれている。序文でもまず、日本はかつていたるところ乞食だらけであったことが強調される。十五世紀の日本に渡り、足利義持に接見した朝鮮の外交使節宋希璟が書いた『老松堂日本行録』には、京都に至るまでの港々や京都の町が、掠奪者や乞食や遊女に満ちていたことが写しだされる。さらに、近世、近代、そして現在も農民が貧しさから抜け出せないことが語られる。そのうえで、明治三十年前後に西美濃の山中でおこり、柳田国男が『山の人生』に記録した「炭焼き」の子殺し譚が引用されるのである。

平凡社ライブラリー版『日本残酷物語5　近代の暗黒』の解説（「民衆史研究」前夜の歴史記述）で歴史学者の成田龍一は、『日本残酷物語』は「大づかみにいって第一部は『人』、第二部は『空間』、第三部から第五部までは『歴史』に素材をとりつつ、『貧困』のもとの『残酷物語』を描きそれを告発しようとする作品とみることができよう」と述べる。成田が指摘するようにこの第一部は「人」を描いているものの、「空間」もまた重要な要素であった。

前付に列挙されている二十二人の執筆者のなかでは歴史人口学者の高橋梵仙《ぼんせん》、詩人でアイヌ文化研究家の更科源蔵《さらしなげんぞう》、寄生虫学者の佐々学《さっさまなぶ》、民俗学者・歴史学者の竹内利美、さらには民俗学者の江馬三枝子《えまみえこ》や瀬川清子といった名前が目を惹く。谷川健一の証言によると、本文は編集者のリライトを経て収録されたものであるが、重要だと思われる原稿提供者については、読みすすめながら指摘していくつもりである。

海民の掠奪、山民の掠奪

第一章の巻頭で「海辺の窮民」と題して描きだされるのは、難破船がもたらす恩恵に頼ってしか、生きる糧を得ることができなかった漁民、島民の暮らしぶりである。「海岸の岬の陰や、島や、背後に山が迫って耕地の乏しいような海沿いの村には、他人の不幸を心待ちして暮しを立てている者が少なくなかったのである」。

宮古島と石垣島に囲まれた多良間《たらま》島から、「サバニ」というクリ舟で一時間ほどのところに、「水納《みんな》島」がある。「水の無い島」の意味だともいわれるこの島は芥子粒《けしつぶ》のように小さく、一度風が吹けば何か月も外界と遮断される。いく日も雨が降らなかったり時化《しけ》が続くと、この島の人々は食糧に困ってしまう。すると島の人は「八重干瀬《やえびし》」というところで、船が遭難するように願ったのだという。水納島の人々にとって船が難破した恩恵はまず食糧であり、さらに四十年ほど前までは、舟も家も流木と難破船の材料を使っていたという。そしてこのことは、ろくに耕地をもたぬ沿海の村々すべてにあてはまることだった。

日本海の沿岸では難破船や流木、魚や海藻をもたらしてくれる風を「アイノカゼ」と呼んだ。その語源は食物の「アエモノ」、饗宴をさす「アエ」などと同じで、この風が吹くと、渚にはいろいろの珍しいものが打ち寄せられたからだといわれる。筑前（福岡県）の宗像《むなかた》神社は、東西十数里間の海上で難破し、海岸に流れ寄った船を、その本末社の修理に供した。渥美半島の伊良湖《いらご》岬では、難破船から浜に流された常滑《とこなめ》焼を、砂中から掘り出してきては売り物にした。伊良湖はほんらい陶器を製造したことのない土地だったが、それを「伊良湖焼」と名づけ、帆船の沈没がなくなってしまうまでこの地の名物だったという。「山のなかにもまた人と人とのいたましくきしみあう生活があった。それはこの国土の地形の複雑さにも似たものであった」。山間での作物の収穫は平地の三分の一か五分の一程度にすぎなかった。人々はわずかばかりの食物をつくって食べるだけで、精魂をつかい果たしてしまうほどの厳しさのなかで、生活を支えていた。

明治の終わりころ、群馬県の下仁田付近の村へ、碓氷《うすい》峠を越えて蓑を売りに来る村があった。その村の男がある年、里の村へ蓑を売りに出たがどうしても売れないので、「赤馬をはわせてやる」と捨てぜりふを残して去っていった。その夜、村のなかの一軒の大きな家が焼けた。男は、「得意先というものは不必要な場合にでも買ってくれる義務がある」と考えていたというのである。山村では交易は一種の救済事業であり、それを裏切られたため報復したのであった。交易は単なる物品の交換を意味するものではなく、一種の連帯感が両者をつないでいた。またそういうことによって山間の貧しい人々もようやく命をつなぐことができたのだった。

こういった山間に暮らし続けた一族で天竜川上流の現在の長野県下伊那郡天龍村の坂部《さかんべ》を開郷したとされる「熊谷家《くまがいけ》」や、出羽国由利地方羽川地区を支配し、ほかの領へ出向いては夜討ちしたり、往還の旅人を殺して品物を奪いとって年月を送っていた羽川義植《はねかわよしたね》のことが詳しく描かれる。こういった伊那谷の中世・近世史は、竹内利美が執筆した文章がもとになっているものとみられる。長野県生まれの竹内は、長野県上伊那郡の川島村小学校、同東筑摩郡の本郷小学校の教諭を務め、アチック・ミューゼアム彙報として出版された『小学生の調べたる上伊那川島村郷土誌』は優れた民俗誌と評価が高い。

飢饉国日本

第一部の第二章「病める大地」では、日本列島に住む人々が、くりかえし飢饉に襲われてきたことが、陰惨な事実とともに語られる。

イエズス会宣教師ルイス・フロイスが書いた『日本史』によると、一五五四年（天文二十三）に周防国および山口の町では、たびかさなる戦乱のため猛烈な物価騰貴と飢饉が勃発し、朝家を出ると、路上によこたわる餓死体にぶつかった。若者も、身分の高い貴婦人も、富家の娘たちも、衰弱してひとりで立つこともできず、青ざめた顔、涙にぬれた目をして、壁によりかかっていたという。

享保十七年（一七三二）十一月から翌年三月までに、約一千人の死者を出した山口県大島の久賀《くか》は、人口五千人ばかりの村だった。約二十パーセント以上の人々が餓死したとみられるが、このとき死んでいったのは働きざかりの男たちで、老幼の命を救うため、その犠牲になったと思われる。生産力が低く、飢えと粗食が日常的だった時代に凶作は、生死の問題に直面することだった。しかも救済の手が伸びることを期待できず、効き目のある方法をもたなかった人々は、祈禱にすがって希望をつなぐほかなかった。なお久賀は、宮本常一の故郷周防大島の大きな集落である。

土佐国は山間地帯が九割以上を占め、そこの村は、人間が生活できる極限のような地域であった。土佐郡奥地本川《ほんがわ》村の寺川《てらがわ》は戸数わずか十二戸の寒村で、ふだんでも食物に乏しいのに、春のころはクズ、ワラビ、野老《ところ》、コビホガ（芍薬の根）などの葉や根をとって飢えをしのぎ、命をつながねばならなかった。それでも寺川の人々は、自分たちの生活をまだよいものだと思っていた。それは、飢饉のたびに伊予のほうから、山を越えてこの山中へ食を求めにやってくるものがいたからである。寺川では救荒作物（飢饉や災害、戦争に備えて備蓄、利用される代用食物）としてマンジュシャゲを、田や畑の畦でつくっていた。この地方ではマンジュシャゲをシレエと呼び、寺川の西奥から伊予の西之川山へ越える白猪谷はとくにシレエの多いところだった。飢饉があると伊予から人がきて小屋掛けをしてシレエを掘り、餅をつくって食べた。だから寺川の人々は、伊予のほうがはるかに暮らしにくいものと信じていた。

八戸藩《はちのへ》では、飢饉で人肉の味をおぼえた犬がやがて、生きている人間までかみ殺すようになった。そこで藩士の二、三男に命じて野犬狩りをおこなわせ、鉄砲で一匹打ち殺すごとに十六文の褒美を与えた。するとこの犬を二十四文から三十二文で買いとり、食用にするものもいたという。

青森県苫米地《とまべち》村のはずれにある蓬沢では、ある農夫が、「わたしはお上に対しては、一向に罪咎のおぼえはありません」と言った。これは人肉を食べたことにたいする言い訳だった。「祖父さまと犬の子を食うたことばかりはたしかであります。……しかし、これとても他人を食うたわけではなし、ただじぶんの親を食うたにすぎませぬ」と言うのだった。

同じく名久井村の卯之木沢に、かつては豊かな暮らしをしていた六人家族があったが、四人が飢え死にし、親子二人が残っていた。留守居の子どもは自在鍵のすすけた縄を噛んでいたが、そのうち自分の手の指を食いちぎった。父親は帰宅すると、子どもが血をたらして泣いているので、買ってきた食物を食べさせ、鎌で子の首をかき切り、自分も首をはねて死んでしまった。この男には隣村に嫁いだ娘がいて、夫にこのことを告げたところ、「葬いをするまでもない。家に火をつけてこい。火葬にするのだ」と言った。妻は急に気が変わったのか、焼き捨てるのはもったいない、と死骸を残らず食べてしまった。それから女は人肉を食うことをおぼえて、自分の夫をだまし殺し、子も鎌で一打ちに殺し、食べられるところは全部食べた。また倒死人の肉を食い、新しい墓を掘りおこし、生きている子どもまで追いもとめるようになった。そこで、狩人にたのんで猟犬で狩りだし、ようやく鉄砲で射殺した。

人肉食の凄惨なエピソードは「残酷」の極みであるが、事実かどうかは定かではない。しかし、淡々と綴られる挿話の連続は、第一部のなかでも鮮烈な印象を残す。

冷害に打ちかつため、稲の品種改良に取りくんだ人々もいた。山形県の篤農家阿部亀治により育成された「亀の尾」はその成功例のひとつであった。「もっとも冷害のひどかった土地から、もっとも冷害につよい稲が生まれたのはけっして偶然でも逆説的な事件でもなかった。残酷な土地にほんとうの幸福をあたえる希望とは、その暗い土地のなかから生みだされた希望でなくてはならなかったのである」。

日本の庶民にとって、米が常食として普及したのは戦後になってからのことである。それまではヒエ、アワ、ムギといった雑穀を口にすることがほとんどだった。飢饉のもとでは、ここに描かれているような悲惨な食生活になることは避けられなかった。現代の読者はともかく、一九六〇年前後の読者のなかには戦中、戦後の貧しい食生活を顧みながら読んだものもいたに違いなかった。

風土病の恐怖

第二章「病める大地」では、「自然の悪霊」と題して虫害がもたらす風土病の数々が紹介される。このあたりを執筆したのは、東京大学医科学研究所所長、国立公害研究所長を歴任した寄生虫学の権威、佐々学であろう。現在の私たちには想像し難いことであるが、こういった病は、民衆の生死を脅かすものとして長い期間にわたり、日本の各地で恐れられてきたのである。

広島県の芦田川と高屋川の合流する付近の村々では、不可思議な難病にかかるものが多かった。備後国沼隈郡山手村（現・広島県福山市）に住む漢方医藤井好直が、弘化四年（一八四七）六月に書いた『片山記』は、日本住血吸虫病にかんする最も古い記録である。この病気に罹ると、下痢や嘔吐に苦しみ、顔は萎びて黄色くなる。寝汗をかき肉は落ち、脈は細くなり、その症状は「癆瘵《ろうさい》（肺病）」に酷似している。四肢は削られたように痩せるのに、腹だけは膨れて鼓のようになる。ひどい場合は、膨れあがった腹の皮がてらてら光って物の影が映り、最後には足にむくみがきて命を落とす。

雄物川、最上川、阿賀野川、信濃川河畔の「ツツガムシ病」、象皮病や陰嚢水腫などの症状を呈する。「フィラリア病」、土佐の「ホッパン」、八丈小島の「バク」、大島から三宅島、八丈島におよぶ「八丈デング」（この病気は一九五二年に、発疹熱でもデング熱でもなく新型のツツガムシ病であることがわかった）、青ヶ島の「アカムシ」、「十二指腸虫病」といった風土病、地方病は枚挙に暇がない。

悪疫のなかでもとくに民衆が困らせたのは「ホウソウ（疱瘡）」であり、ほぼ十年の周期で大流行があった。日本の人口が江戸時代の中ごろから増えなくなったのは、間引き、堕胎、飢饉などの影響もあるが、子どもの命をホウソウが奪ったことも大きかった。また異国船が運びこんだ「コレラ」は、さまざまな迷信を生みだした。たとえばコレラの流行予防のため、県が患者を避病院に隔離しようとしたところ、生き肝をとるのだと村民が誤解し、妨害したり暴動を起こすということがあった。

また家筋が悪いと、世間から冷たい目で見られてきた人たちに、「肺病マキ」とか「癩病マキ」と呼ばれる人々がいた。結核も癩病（ハンセン病）も遺伝によるものではないことが明らかにされているにもかかわらず、結婚もできず、一生を孤独の中に終えねばならぬ人たちは少なくなかった。

病にたいする偏見は、二十一世紀の今日でも根絶されてはいない。また日本以外の国のなかには、風土病に苦しむ人々がいまでも数多く、そういった環境を、後進と切ってすてることはできない。さらには、地球規模で広がる感染病が、新たに生み出されていることにも注意を向ける必要があるだろう。

乞食の流れ

日本は昔から乞食の多い国であった。序文でも述べられていたとおり、この列島にかつては乞食が満ちあふれていたことは、この第一部の重要なモチーフである。

仏教思想の影響を受けた古代の政府が、「施薬院」や「悲田院」といった厚生施設を設けたことがあるものの、野山にあふれる乞食の群れをなくすことはできなかった。乞食は決して敗残者や病人だけではなかった。門付芸《かどづけ》をしたり、神の祝詞《ほぎごと》を唱えたりして家々を訪れる「ほかいびと」や、仏教の「乞食《こつじき》」に発する「高野《こうや》聖《ひじり》」などは、職能をもった放浪者として、物もらいとは区別されていた。

江戸の町に門付勧進《かどづけかんじん》をして歩く放浪者の数がいかに多かったかは、「門経読《かどきょうよみ》」「鐘鋳勧進」「腕香《うでごう》」「針供養」「仏餉《ぶっしょう》とり」「歌念仏」「鉢たたき」「代神楽《だいかぐら》」「獅子舞」「猿まわし」「万歳楽」といった多様な職業があったことからもわかる。また乞食のなかには「天下様乞食」「仏の福松」などの名前で呼ばれ、地域に根づいたものたちがいた。小山勝清が描いた九州球磨地方の女乞食もこういった文脈で登場してくる。「土佐檮原の乞食」もそうだったが、宮本常一は乞食にたいして強い共感を抱いていた。

浮浪者として都市の各所に、吹きだまりのように生活するものもいた。大阪市では阿倍野橋の蜜柑山、長柄橋や都島橋の下にも、筵《むしろ》で仕切った乞食たちが暮らしていた。大正から昭和の初め、乞食の中で生活した清水精一の『サンカとともに大地に生きる』によると、こうした仲間に天皇の話をしたところ、どうしてものみこめなかったという。そして彼らは「チャン（父）のようなものか」と聞きかえした。

北海道には「オド」と呼ばれる孤独な老人たちがいた。春になると鰊場から鱒場、鮭場と渡り歩き、秋には山に入って草刈りをする。草原が霜枯れると森林に入り、薪を切る。「オド」とは「おとっつぁん」という意味で、職業やその個性によって「草刈オド」「薪切オド」「炭焼オド」「山師オド」「丹前オド」「鬼オド」といったさまざまなオドたちがいた。

その存在は目をふさぐことができないほど、日本のどこにも乞食がいた。そしてこういった事態は、一九六〇年前後まで生々しいことだった。いまではもしかすると、乞食を目の当たりにすることなく生活を送ることができるかもしれないが、貧しい人々は、現代社会でも群れをなし、あるいは孤絶してどこかに存在しているのである。

第三章「弱き者の世界」では、子どもと老人、女性といった「弱き者」たちが、その弱さゆえに虐げられてきたといういたたまれない世界を描く。

かつての日本では、農業の生産力は、それに従事する農民の人口増加にたえられないほど低かった。農村の貧しさが原因で、子どもが生まれても、一定の期間が経ちお宮参りがおこなわれるまで、子どもはまだ完全にこの世のものではなく、社会の成員に加われないという民間の考えかたがあった。表向きは間引き、堕胎は御法度だったが、細民救済の抜け道として黙認されていた。たとえばルイス・フロイスは『日本史』のなかで次のように記した。

「日本では女が堕胎をおこなうことが非常に多い。あるものは貧困から、他のものは多くの子をもつのをいやがる……などの理由からである。……生まれた子の咽喉《のど》に足をのせて圧し殺すものもあれば、ある種の草の葉をのんで堕胎するものもあった。堺の町は大きく人口が多かったから、朝がた岸べや堀ばたをいくと、そこに投げこまれたこの種の子どもの死体をときどき見ることがあった」。

上総国の約十万戸の農家で殺される子どもは、毎年三、四万人にのぼった。越後国では、赤児を殺すことは少ないかわりに、女の子が七、八歳以上になるとほかの国へ売りに出された。

一般に、西国では堕胎が多く、東国では間引きが多かった。また堕胎は町人のあいだに多く、間引きは農民に多かった。堕胎のことを隠語で「水にする」といい、水にされた子どもの死体を水子《みずこ》といった。宮崎市の大淀川では、赤児の死体が川に浮いて流れてゆく光景が明治になっても目撃されたといい、日向の米良地方の子守歌は、眠らなければ川へ流す、と唄った。また大阪の寺町を歩いていると、「幻子《げんじ》、幻女《げんにょ》」と刻んだ墓にゆきあたった。

明治の中ごろまで、福島県平付近の村々には、山形県の最上《もがみ》地方から人買い婆さんが毎年のようにやってきた。世間では彼女のことを「最上の鬼婆」と呼び、男の子でも女の子でも、十二、三歳になった子どもは買っていった。女の子のほうが値段がよく、十二歳の女児が五円、六円で売買された。山形県の酒田港沖に浮ぶ飛島には、外米を入れてきた南京袋で作った前掛けをさせておくことから、「南京小僧《なんきんこぞう》」と呼ばれる「もらい子」がいた。同県西田川郡の漁村では、おもに北海のタラ漁で働かせたもらい子を、「タラコ」あるいは「タラバオジ」といった。「ワラス」「モライコ」「ヤシナイ」など、同じような仲間を探せば日本の各地にいくらでもいた。

「姥捨伝説を小説にした深沢七郎の『楢山節考』は多くの読者の感銘を呼んだものであるが、そうした老人を捨てる話はけっして単なる口碑だけではなかったようである」。『日本残酷物語』でも深沢七郎の小説にふれながら、老人の「残酷」が語られる。

老人にとって最も惨めな境遇は、身寄りがないことだった。

自分自身で生きぬく力を失ったものが縊死するなど、身寄りのない老人の野垂れ死は、いたるところで見られた。河内（大阪府）の滝畑では、何百人というほどの旅人の行き倒れがあった。村人たちは役所へ届けるのが面倒なので、死者があると国境まで捨てにいった。急崖の深い谷に投げ落としてきた死骸だけでも三百人を超えた。

東北の農家では、野良働きに出ることのできない老婆は、孫のお守りをしたり、鶏を追ったり、屋敷の周りの草を取ったり、夕飯の支度をするのが決まりであった。老人の悲しみは、自分が家族のなかで役に立たなくなった人間だと意識することであった。老後の願いは、余生を楽しておいしいものを食べたいといったことではなく、自分の価値を認めてもらえる仕事をしたい、というものだった。

現代の日本でも、児童や高齢者の問題は克服されてはいない。日本には幼児を慈しみ、老人を尊ぶ美風があるように想像されがちであるが、まったく反する感情があり、制度が存在する。「福祉」というものの定着しにくい風土が、この国にはある。子どもと老人の

「残酷」は、形を変えながら、いまでも更新され続けているのである。

女性の地位と労働

子沢山は貧しさの原因の一つであり、その理由を、女性の不用意な妊娠にもとめることが少なくなかった。人間苦を背負ったものを解放しようとする運動が、敗戦を経験するまで起こらなかったことも、女性にとって大きな不幸だった。

西日本の木綿織地帯では、子どもの時代をすぎると、女は多く木綿織に励んだ。東日本の麻や苧《からむし》など自給を主としたものと異なり、商品として織られ、すべてを人力に頼らなければならないことから、女たちは朝から夜ふけまで糸紬《つむ》ぎ、機織りに追われた。

古い時代の宗門人別帳を見ると、娘や年寄りには名前が記されているが、主婦だけは「女房」とあるだけで、名前を記していないことが多い。

青森県五戸地方では、一生のあいだに女の呼び名が、ワラシ（童）、メラシ（娘）、アネ・アネコ（嫁）、アッパ（母）、オンバ（祖母）、エヌシ（主婦）、ババ（隠居）と変わっていく。村の女のこうした「出世名」は、「家」における地位の変化に対応していた。同じような傾向は、東北の村々にかぎったことではなく、固有名詞をもった女たちは、ほんの一部の階層にかぎられていた。主婦の座は姑が働けるあいだは嫁には譲られず、早くて四十歳で初めて、一家の台所を預かる自由が訪れるのである。

女たちが月厄のとき、住居を別にして暮らすことは、明治ころまでは多くの地方で見られた。愛知県知多郡の篠島では、土間に敷いた莚の上か、仮屋《かりや》で食事をとり、家中の鍋釜を洗って火の汚れを浄めた。そうして多くの婦人は、月の三分の一は忌みごもりの生活を送った。不浄の婦人は網や漁具にいっさい触れてはならない、また船に乗ってはならないという禁忌は全国的な信仰で、五島の久賀島では、不浄のときには山に薪を拾いに入るのも許されなかった。

遊女たち

『貧しき人々のむれ』では最後に、よるべなき遊女たちの姿が描きだされる。

昭和のはじめころまで西日本の村々の老いた女たちのあいだには、遊女はふつうの女性とは体質的にも違っているとまじめに信じられていた。「女の人格をむざんに否定しながらふしぎなことに、ふみにじった女をぜひとも必要とする社会が、いっぽうには存在していた」のである。

街道筋の宿場や港々が、旅人をもてなす遊女のたまりになった。瀬戸内海は潮流がはげしく、ときにより方向を転ずるので、風待ち、潮待ちをする港が発達した。船が着きはじめると付近の人はそこへ集まり港町をつくって遊女をおいた。すると今度は船乗りたちが意識してそこへ船を着けるようになった。売られてきた遊女はほとんどが、年貢未納や借金に苦しむ貧しい農漁村から、家の犠牲として、悲惨な生活に追いこまれたのであった。なかには誘拐されて売り飛ばされてきたものもいたが、一度売られてしまうと、容易には自由の身になれなかった。北海道では昔、漁場での取り引きも銭でなく物であったので、新鮭、昆布、鼻曲がり（川に遡った鮭）、七連《ななつら》など交換される物の名が娼婦の名にもなった。「天草女」と題して語られるのは、熊本県天草諸島出身で、東南アジアに渡って遊女として働いた「からゆきさん」や、彼女たちの海外渡航に暗躍した女衒村岡伊平治の伝記である。哀切に満ちた物語の一部は、谷川雁、上野英信らと雑誌『サークル村』で活動した森崎和江の原稿をもとにしたものだろう。森崎が昭和五十一年（一九七六）に刊行したノンフィクション『からゆきさん』は、海外渡航娼婦をさす言葉として定着していった。

2、開拓と忘却の歴史――『忘れられた土地』

不幸なできごとをとおして

『日本残酷物語』の第二部『忘れられた土地』は、第一部の刊行から二ヶ月後、昭和三十五年(一九六〇)に刊行された。全体は「島に生きる人々」「山にうずもれた世界」「北辺の土地」の三章から構成される。

二十四名の執筆者のなかでは新里恵二《しんざとけいじ》、比嘉春潮《ひがしゆんちよう》、松山義雄、宮良当壮《みやながまさもり》、沖縄タイムスといった人名、団体名が注目される。もちろんこれは沖縄をはじめ南西諸島にかんする歴史や事件が、積極的に取りあげられているためにほかならない。また谷川健一の弟で詩人・評論家の谷川雁も執筆者として名を連ねている。

「人がその仲間たちから忘れられるということほど、おそろしいことはない。それは一種の抹殺である」という書き出しで、この第二部の序文は始まる。

近代人は孤独から出発したといわれるが、「群れ」を前提として孤独を「発見」したのであり、けっして仲間から忘れ去られたのではない。ではいったい、「忘れられる」とはどういうことか？　「忘れられた世界」で人々はどのように生きて来たのか？　と序文の筆者（おそらく谷川健一）は問いかける。さらに「昨日まで忘れられていたものが、今日ふたたび民衆の意識にのぼってくるのは多くの場合不幸なできごとを媒介にしていた」と反省を促す。沖縄や対馬、ダム工事でゆらぐ山間の村が、私たちの意識にのぼるときは、歪められているか部分的である。そこで生きる人々の問題として「全的」に掘りこされることは少ない、と序文は指摘するのである。

そして「忘れられる」ことの一例として、『怒りの孤島』という映画の舞台となった山口県周防大島の東端に浮かぶ情島《なさけじま》のことが取りあげられる。

人間が自然をその意志のもとにおくためには、じつに歳月を要した。とくに人の居住の希薄な地帯では、自然はまだ飼いならされていない荒々しい力でわたしたちにせまった。生物もまたその恣意のままに生活していた。風雨、地震、噴火をはじめ虫や鳥獣の害は、わたしたちをしばしば徹底的にたたくかと思われた。そこでは人間がいかに小さかったことか。この苛酷な自然と四つにくんで、黙々とたたかってきた最前線の人たち、それは多くは名の知れぬ最底辺の人々であった。

日本という国が近代化の際にないがしろにしてきた地域、そして近代化のために強引に開拓しようとした土地における民衆の悲惨が、この第二部では描きだされるのである。

対馬にて

第一章「島に生きる人々」ではまず、対馬の人々の労苦が物語られる。

朝鮮や大陸との貿易の足場となった対馬には、潜商、密貿易を営むものが多かった。しかし対馬藩では、朝鮮にたいして友好的な雨森芳州《あめのもりほうしゅう》と対立する陶山鈍翁《すやまどんおう》の主張がとおり、リアス式海岸に囲まれたこの島で農業が推奨された。対馬には、北九州をはじめ、瀬戸内海、上方から漁民たちがやってきたが、定住は許されなかった。

対馬の村の「自己封鎖」は、幕末のころから崩れはじめていった。長門国湯玉《ゆたま》付近の大敷網や瀬戸内海の釣漁民が進出してきた。漁民たちは、釣り上げの三分の一という重税に苦しめられ、抜け売りがおこなわれた。大陸への渡航に際して、汽船の出現で対馬を中継する必要がなくなったうえ、軍の要塞の指定を受けたため、道一本、波止場ひとつつくるのにも、軍部の許可が必要になった。島民が殻に閉じこもっているあいだに、島外の大資本をもった漁業家たちが、巾着網《きんちゃくあみ》で、近海のサバ、イワシ、アジなどを獲りはじめた。しかし島民の利益になることはなく、沿岸の漁場が荒らされるばかりだった。

村の結束を維持するために、対馬では一斉作業や共同作業が多かった。磯かせぎ、網漁、山仕事、道つくり、家普請、祝儀、不祝儀といった村の共同体的な運営は、話し合いと寄り合いですすめられた。対馬の村の寄り合いは、記録に残る二百年より、もっと古くからあったと考えられるのである。

こうした対馬は宮本常一の重要なフィールドだった。『忘れられた日本人』の「対馬にて」では、島の寄り合いについて詳しく紹介している。そしてこの『忘れられた土地』には、宮本の手になる「ある老人と海（橋本米松の話）」が収録されている。橋本米松は広島県の向洋《むかいなだ》から対馬に渡り、下県郡船越村の東に浮かぶ沖ノ島の瀬戸を、だれの援助も受けることなく開いた。米松翁は、梶田富五郎翁や土佐檮原の乞食と並んで、宮本が描いたなかでも、最も魅力的な市井の人であった。

世界苦と離島苦

「島に生きる人々」ではほかに、「みちの島」という見出しのもと、薩南十島（川辺《かわなべ》十島）の厳しい風土と環境、苛酷な歴史が描きだされる。

この島々のうち北にある「口《くちの》三島《みしま》」は、柳田国男の『海南小記』（一九二五年刊）で「南の島の一列の飛石」と表現されたところである。柳田は、南の島々に住む青年たちに向かって、「君たちの世界苦というものを考えてみたまえ、その半ば以上が離島苦である」と言った。十島、奄美の島々は、沖縄の人々が鹿児島と往き来する「道」にある島という意味で「みちの島」とも呼ばれたことがある。十島村の村役場は、十島の島々ではなく鹿児島市汐見町にあり、島々と役場をつなぐ便は村営船十島《としま》丸二艘しかない。しかもそれは月二回平均の不定期便で、臥蛇《がじゃ》、平《たいら》、悪石《あくせき》の三島には月に一度だけだった。

昭和三十四年（一九五九）の四月、十島丸がひと月ぶりに平島を訪れたところ、島民百八十名のうち七十二名が悪性の流感に罹っていた。医者も薬もないため、土間に芭蕉をしき、その上に寝て熱をとるという原始療法しかなく、四名がすでに死亡していた。徴兵がおこなわれた戦前は、入営や帰営の期日を守ることもたいへんだった。交通の不便さがこれらの島を、文化の末端へと取り残してきたのである。「生徒たちの楽しみは、船を迎えること、書かせても、作らせても、つづらせても、船ばかり」（十島村教育委員会「十島」）だった。

中之島の開墾が進まなかったのは、山地にハブ、ヤマビル、蚊が多いためだった。谷川雁は、『びろう樹の下の死時計』で、「私はこの島に適していると思われる作物をいろいろあげてみたが、人々の話ではことごとく台風とネズミによって完全にだめという結論になるのだった」と記した。

地方《じかた》（本土）を遠く離れた絶海の島々は、親のない貧しい姉と妹のように、けなげに力を貸しあった。悪条件に災いされた島の人々は、「水属の都城」と呼ばれる海に囲まれながら、海に背を向けて暮らさねばならなかったのである。

島の痛み

沖縄には「島ちゃび」という古語がある。「ちゃび」とは痛みの訛《なま》りで、離島苦とほぼ同じ意味である。評論家の竹内好《よしみ》は沖縄について、「沖縄は日本の一部であるが、部分というよりむしろ全体の縮図である。日本にあるものは全部沖縄にあるし、沖縄を拡大すればそのまま日本全体になる」、しかし沖縄にしかない苦痛ははるかに多かったと指摘した。

さまざまな悪疫が襲った硫黄島では、つい最近まで、コレラや赤痢にはお灸がよく効くと信じられ、赤痢のときは米の粥を食べておけば病気が自然に抜けるといわれてきた。この島で悪疫が流行するきっかけは、島産のイオウを買いにくる舟に病人がいたためで、そのため外来者が訪れたあと、必ず一村あげて村祓いをした。

十島の中で最も南に位置する宝島は、島外からの来訪者を、病気などの不幸をもたらすものだと、忌み嫌う傾向が強かった。外の世界から見はなされた島の人々は、自らを守るため外来者を忌むようになり、かえっていっそう孤独に陥った。そのため元気のあるものの多くは、島に見切りをつけて立ち去っていった。

宮古島では飢饉の際、蘇鉄《そてつ》の実を割って粥にしたり、その幹を切干にして食べるものもいた。平良市東方の城辺町部落では、八十三%強の人が、蘇鉄の実をかじって飢えをしのいだ。

宮古島の北の隅にある小さな離島では、五十年ぐらい前まで鉄の鍬を知らずに、畑仕事はすべて木製のヘラで耕していた。木のヘラは鉄の鍬に比べて十分の一も仕事が捗らなかった。そこで松じゅうという男が、鹿児島県出身の黒木という巡査にもらいうけて、鉄の鍬を初めて使ってみた。しかし鉄の鍬をもたらしたばかりに、松じゅうはたいへんな制裁を受けた。二十世紀になっても、沖縄の隅の島には鉄の農具を異端とする生活が残っていたため、便利な鉄具をもたらしたものが、かえって私刑を受けたのである。

沖縄の村は「局地的小宇宙」であり、文明国にはみられない「平和の天地」だった。民衆は極貧の生活のなかでも、歌舞、三味線に興じて、生活を豊かにすることを忘れなかった。首里王府は、村はずれの毛《もう》(原野)でおこなわれる「毛遊び」など農民の歌舞遊楽を、農業労働にさしつかえるという理由から、しばしば令達し禁止しようとした。

慶長十一年(一六〇六)薩摩藩主島津家久は、琉球の無礼を理由に、徳川家康から琉球征討の許可を得た。三年後の慶長十四年、島津は兵三千、舟百隻を出して琉球を征服。島津氏の目的は、中国貿易による利益を手中に収めることだった。後進性の負い目に悩まされていた沖縄は新たに、島津氏にたいする貢租を課されたうえ、中国貿易の利益をことごとく薩摩に押さえられることになった。

松浦静山《まつらせいざん》によると琉球使節の一行は、薩摩藩による強制で、中国風の服装をさせられていた。役名も中国音で、儀仗や路次の楽曲もすべて唐風めいたものを選ばされた。沖縄人は唐、大和の御取合（中国、日本との交際）のため、中国人でも日本人でもない、宙ぶらりんな「琉球人」として行動することを強いられた。こういった状況のなかで、沖縄県知事と対立し狂死した、社会運動家の謝花昇《じゃはなのぼる》のような人物もいた。

沖縄の複雑な歴史は、第二次大戦中からさらに戦後の沖縄にまで及んだ。

『忘れられた土地』では、沖縄戦における玉砕について、次のような文章を引用して、島の人々の心情を垣間見せる。「わたしたちは、ここでかりだされたと書いておきました。それは事がらの本質においてそのとおりでした。しかし、わたしたちはこみあげてくる悲憤をおさえつつ、つぎのように書きとめておかねばならないと思います。これらの行為は、そのほとんどが、とくに青年層の場合は百パーセントまでが、自発的な意思にもとづいてなされていたと……」（『歴史評論』「現代沖縄の歴史」新里恵二、喜久里峰夫、石山明）。

一九六〇年前後、沖縄は複雑で難解な問題を抱えていた。またそれ以上に、日本国に帰属していない沖縄のことを知る手立ては、本土の人間には非常に少なかったという。『風土記日本』を『九州・沖縄篇』から始めた宮本常一と谷川健一にとって、「忘れられた土地」として沖縄を扱うことは使命に近いものだった。そして、このときに彼らが直視した課題は、現在もまだ解決されていないのである。

山民の生活

「山」もまた、都市や平野に住んで、広い交流ができる人々の世界とは異なる歴史や伝奇を底深く秘めていた。山に生まれ暮らし、そこで死んだ人々は、国勢調査にも記載されない「第二の住民」であり、人口であった。山に住む人々のすべてが、遠州の山寄り一帯の「ポン」、磐城（福島県）の相馬地方で「テンバ」と呼ばれるような非社会的な民だったわけではない。しかし神秘的な伝説や好奇の物語で語られるほど、山民が忘れられ、捨てられた存在であったことは、ポンやサンカとかかわりがなかった。そしてその事情は現在でもほとんど変わっていない、とこの第二部の序文は述べる。

山間の農民たちは、タタラ師や鍛冶屋を村人として迎えようとする、寛大さをもちあわせていなかった。木地屋もまた得体の知れない山人として地元民には映り、争いが繰りかえされた。

山中に住む人を孤独に追いこんだひとつの理由は、山麓や平野の人からの軽蔑の眼であった。

南信州の遠山地方では、病人が出ると峠を越えて米を買いに行き、竹筒に入れて「これが米というものだ」と振って病人に音をきかせた。少しゆとりのある家では粥を炊いて食べさせ、「粥まで食わせたのに、とうとう死んだ」と嘆いたという。このあたりは数年前にトラックの通る林道が谷奥に通じるまで、そうした生活が続いていた。ところが林道ができ、山中の人々が最初におぼえたものは浪費であった。それは鬱屈した力と感情が爆発したひとつの姿であった。

近世の初期、封建制への切りかえにあたって、一種の自治組織のとられていた各地の山間の共和国では、激しい騒乱がおこった。大和国大峯山の南部峡谷の「北山一揆」、日向山中米良《めら》の「椎葉《しいば》騒動」、あるいは「郡上《ぐじょう》騒動」「歩岐島《ほきじま》騒動」といったものである。山中にいると新しいものの意味を感じとることが困難なうえ、彼らには妥協がなかったので、相手を克服するまで争うか、自らを葬り去るか、二つのうち一つしかなかった。

岩手県の北上山地北部の岩手郡、下閉伊郡、九戸郡には、一平方キロあたり二十数戸という人口密度の地帯がある。千メートルをこえる山々がひしめきあい、谷も深く、都会の人々には想像もできない厳しい自然条件をそなえたこの地域では現在でも、無灯地帯が残され、微かに灯るランプの光や松明《たいまつ》の明かりで夜をすごす人々が少なくない。

徴兵検査があった当時、岩手の壮丁は千人のうち五百人くらいが甲種合格で、全国で一番か二番、悪くても五番くらいの順位だった。岩手でも下閉伊郡の有芸《うげい》村（現・岩泉町）などは県下一の高率で、強健な壮丁が多いのは、稗を常食にしているからだといわれた。しかしこれはこじつけで、実際には、この地帯の乳幼児死亡率の高さからくるものだった。苛酷な生育条件のなかで壮丁は、いわばその生き残りの勇士だったのである。『岩手の保健』（岩手国民保険連合会刊）という雑誌の編集者大牟羅《おおむら》良《りよう》は、この山間に住む子どもに「坊やたち何になりたい？」とたずねた。すると、「おらァ鳥っコになりたい、そやせば（そうすれば）山っコこえておら家《え》さ飛んでかえるにいいんだもん」という答えが返ってきたというほど、自然条件が厳しかった。

「海阻《へだ》てて塩味希《まれ》なり」といって、食が尽きて草根木皮を食べるのにも、塩さえあれば生きていくには大丈夫だった。塩気のあるものなら何でもよく、古ムシロの類まで食べるようになった。ネコダという藁で編んだ敷物の古くなったのには塩気がしみているから、きざんで煎《い》り粉にして、柿をまぜて食べた。塩と同様に、味噌や海浜から入ってくる塩魚、コンブの類も貴重なものだった。動植物の食品に乏しいため、身辺の虫などを食べることも多かった。大正の初年ころまでは、つねの飯は必ずマゼメシ（雑飯）で白飯を食べるのは正月や祭りのような祝い日など一年間にほんの数回だけ、夕食は多くはコナケ（粉餉）だった。

またこのあたりの山畑は、イノシシ（猪）、カノシシ（鹿）が天敵で、人力でかなわないとなると、神仏にすがった。三峯《みつみね》様、山住《やまずみ》様に代参をたてて詣で、神様の使いであるヤマノイヌを借りてきた。遠山谷の「禰宜《ねぎ》」と呼ばれる巫医《ふい》兼祈禱師は、遠州から山住様を勧請してきて、神札を立て、猪害を封じた。三峰川谷の市之瀬では、シシ追いの最中、小屋の屋根をなにものかに踏みぬかれるという怪異がしばしば、明治の初年まで経験された。これはおそらく、「山男」と呼ばれる先住民のせいであろうという。なおこういった南信州の民間信仰や怪異伝承にかかわる詳しい記載は、長野県の民俗に造詣が深い向山雅重《むかいやままさしげ》の原稿にもとづくものであろう。

不毛な大地

海にのぞむ砂丘や、作物の実らない特殊な土壌地帯で暮らすことを試み、苦しめられた多くの人々がいた。

佐賀県唐津市の東にある「虹の松原」、高知県入野浜の防風林、青森県津軽半島の屏風山などは、砂丘を植林した努力のあとであった。東北日本における防潮防風林の植栽の歴史が、西南日本よりも古かったのは、それほど荒寥たる海浜が多かったせいである。また日本海岸の津軽から下関にいたる松林は、万里の長城に比肩しうるものであり、名もなき民が一本ずつ植え、育てていったものであった。

鹿児島ではいまから約十万年前、阿蘇火山群が大噴火し、九州南部の火山群も噴火を続け、陥没や地殻変動で鹿児島湾や桜島、開聞岳や池田湖ができた。このときの泥岩流が、シラス層、ボラ層、コラ層といわれる特殊土壌となった。シラスは角砂糖が水をふくむと急速にくずれるような性質をもち、ここを開拓するには困難を極めた。

北海道の米は、泥炭地の利用によってできたものだが、その開拓には多くの費用と、人々の苦闘を必要とした。昭和二十年（一九四五）敗戦により失われた海外植民地から次々に帰ってきた引揚者、復員軍人、また国内の被災者や失業者を吸収するために、広大な未開原野と未開発漁場を控えたオホーツク海沿岸の僻地、雄武《おむ》が注目された。雄武は急激に膨張したものの、いくつもの開発施策にもかかわらず、現実は不毛の土壌とみじめな薄漁に応えられるだけであった。

原始林におおわれた蝦夷島で漁撈狩猟生活を送っていたアイヌにとって、小さな吸血虫類は、悪魔の化身だった。こうした虫たちは人を選ばず、開拓団をも襲った。

明治十三年（一八八〇）八月、十勝の大草原地帯に発生したトノサマバッタの大群による被害、いわゆる「蝗害」は、北海道開拓史上に残る受難事件だった。昭和三年（一九二八）にはブランコケムシが、札幌市最南端の上野幌《かみのっぽろ》で数回にわたって列車を止めた。虫群は付近の水田や畑地にも侵入し、イネは水面の上の部分を、刃物で切りとられたように食われてしまった。

クマは、人の生命をおびやかすケモノでしかなかった。大正・昭和以降の北海道でも、ヒグマの推定頭数にほとんど減少がなく、一年に平均十一人の人間が殺傷され、二百余頭の家畜がたおされてきた。この現状は、文化地帯には珍しいことであった。大正十二年（一九二三）八月二十一日の夜、石狩の沼田村でおこった例では、子どもの兄弟と妻、アイヌ銃士の四人の犠牲者が出た。初冬のヒグマが、北海道でも記録的な十人殺傷の惨事をひきおこしたのは、大正十四年（一九二五）十二月九日、天塩の新開拓地苫前《とままえ》村三毛別《さんけべつ》でのことであった。二人の母親と三人の子どもが殺され、三人が重傷を負った。昭和九年（一九三四）四月十六日に、札幌の南、定山渓鉄道の沿線簾舞《みすまい》の被害は、春の手負いグマによるものだった。北海道にかんする記録は更科源蔵によるところが大きいだろう。更科は北海道弟子屈《てしかが》町に生まれ、『種薯』を初めとする詩集で、北海道開拓の苦難やアイヌの現実をうたった。またアイヌによりそったアイヌ文化の研究書を数多く刊行した。

この巻では最後に、「戦災疎開移民団」が取りあげられる。宮本常一の戦後最初の旅は、戦争で住居を奪われた人々を北海道の開拓原野に送りこむためだった。この決して成功とはいえない入植事業は、宮本にとって生涯忘れることのできない公的な仕事であった。第二部は「空間」を扱ったと評価されるが、ちっぽけな人間たちの小さな物語が、重層的に積み重ねられているのである。

3、さまざまな迫害――『鎖国の悲劇』

閉ざされた社会

第三部『鎖国の悲劇』に登場するのは、鎖国体制のもとで虐げられた人々である。たとえばそれは邪教であるキリスト教を信仰した「かくれキリシタン」であり、仏教徒のなかの不受不施《ふじゅふせ》派やかくし念仏を唱えるものたちであった。鎖国の時代には、創意や工夫に富むものが、犯罪者のように危険視され、抹殺されることすらあった。民衆のやり場のない憤りは下へと沈み、内へと抑圧されていった。

鎖国の時代は、民衆の冒険心や好奇心が犯罪と紙一重だった、と序文は語る。そうしてこの三部では、海に囲まれた日本列島から偶発的に漂流して海外に出て行ってしまった人々や、流刑囚として島に流された人々が次々と現われる。また幕藩体制、鎖国体制のもとで培われた武士の気質、数奇な人生を歩んだ武家の女性たちが描かれる。厳格な身分制社会のもとで、士農工商の下に位置づけられ差別にさらされたもの、人買いに売られて労役を強いられた人々も少なくなかった。

執筆者一覧には、『婉という女』などの作品で知られる作家の大原富枝、『わが住む村』『武家の女性』を書いた婦人史問題研究家の山川菊栄が名を連ねる。そして、「禁制をおかす者」「国を恋う人々」「領国の民」「身分制のくさり」からなるこの部で、最も強い印象を残すのは第四章「身分制のくさり」で取りあげられた部落差別の問題であろう。

差別問題を取りあげる

大正十一年（一九二二）の「水平社宣言」は、「吾々の祖先は自由平等の渇仰者であり、実行者であった」とうたいあげた。これは誇張でも歪曲でもなかった。部落民は人間の資質を否認され、そのためにかえって、人間への激しい関心を失うことはなかったのである。

本居内遠《もとおりうちとお》の『賤者考』に、五十二もの職種が挙げられていることからも、彼らが多種多様な職業についていたことがわかる。年貢の上納に奔命する農民の生涯に比べて、彼らは多様な人生の遂行者であり、生活の達人であった。しかし、農民とは異質な世界を形づくってきたことから、彼らにたいしては異民族扱いするような偏見すらみられた。

いっぽうで、制度的な差別の強制のなかにあっても、さまざまな交流がみられたことは、吉田松陰の『登波物語《とはものがたり》』などからも読みとれる。また弾左衛門《だんざえもん》や車善七《くるまぜんしち》といった古今に著名な穢多《えた》や非人《ひにん》もいた。

明治四年（一八七一）八月二十八日、「穢多非人」の呼称を廃止し、身分職業とも平民同様であるという太政官布告が出された。しかし部落民が「解放令」で得たのは、税金を払わなければならなくなったことと、兵隊に行かねばならなくなったことであり、牛馬の皮を処理するという江戸時代には与えられていた特権は、失われてしまった。

それどころか解放令に反対し、「穢多の増長」に憤った農民たちが、部落民を襲うという事件が相次いだ。なかでも兵庫県、岡山県の暴動は深刻で、美作三郡の一揆は「穢多征伐」と呼ばれ、農民の怖しさを示すものであった。部落にたいする差別は、封建時代の制度が一部に残存するといったものではなく、今日の社会の仕組みのなかで新たにつくりだされ、生きながらえているのである。

部落差別の問題は、今日でも扱うことに慎重を要する。また民俗学の領域では、柳田国男が常民以外の「非常民」を対象にしなかったことで、批判にさらされることとなる。

「かくれキリシタン」の民俗

第一章「禁制をおかす者」では鎖国下でも、海外と取引をおこなう密貿易、抜荷《ぬけに》が頻繁であったことが明らかにされる。

寛永十二年（一六三五）の海外渡航禁止令により、倭寇の根拠地で、南蛮船の出入りでにぎわった平戸も、海外との貿易を閉ざすこととなった。これ以降、正しい手続きを通ってくる荷を「正荷」と呼ぶのにたいして、密貿易は「抜荷」「抜買」「沖買」などというようになった。こうしたなかで、唐人や紅毛人と接触をはかることができる遊女たちが、男たちに利用されて重罰を受けることとなった。

抜荷が最もさかんだったのは朝鮮人参だった。薩摩は、藩じたいが大がかりな密貿易を営み、砂糖のほか、菓子、人参、犀角、鮑やいりこ（干しなまこ）など、藩黙認の密貿易により、巨額の利益を得る海運業者たちもいた。

慶長十九年（一六一四）の初め、徳川家康はキリシタン禁教令を発する。宣教師は長崎から退去を命じられ、高山右近もマニラへ追放された。同じ邪宗禁制でも、豊臣秀吉よりも徳川家康のほうが激しく、迫害は陰惨で残虐だった。加害者は残酷で複雑な殺しかたを工夫し、受難者は火あぶりの炎やきらめく刃によって殉教していった。宗門改役が任命され、疑わしいものは届け出るように命じられ、「ころび証文」という誓約書が書かされた。島原の乱では兵士二万三千、婦女子三万七千人もの反乱軍が虐殺され、天草の島々には多くのものが潜伏した。幕末に鎖国が破れ、宣教師が再び渡航してくると彼らはカトリック教会に帰っていった。なかでも浦上《うらかみ》のキリシタンは仏寺の修繕費を納めることを拒絶し、仏葬を拒むようになった。キリシタンの動きが露骨になったため藩士や市民が騒ぎ始め、長崎奉行徳永石見守は部下の手付（被差別部落民）、町司、遊撃隊ら総勢百七十人で浦上を襲った。キリシタンと部落民はともに、支配者から迫害を受け、世間の人から偏見で見られながら、相互の憎しみを刻みこまれていたのであった。

長崎県の黒崎地区や五島列島には「天地始之事《てんちはじまりのこと》」と呼ばれる民間信仰が影を落とし、キリシタン殉教の記憶を宿したオラショが語りつたえられた。また生月島《いきつきしま》ではいまなお、住民の多くが「かくれキリシタン」の信仰を持ちつづけているという。この島では家の中の薄暗い屋内のさらに奥まったところに、板戸で仕切られた一坪か二坪の物置があり、そこにはかくれキリシタンの「納戸神《なんどがみ》」が祀られている。

境目《さかいめ》（文中では「堺目」）集落の納戸神は、いまでは決まった場所に祀っているが、以前は各戸に、「開かずが箱」と呼ばれるすすけた箱をもっていたという。この箱の中には、ごぜん様（聖像または聖画）、お札（ロザリヨの玄義を記した小さい木札）、お水（中江ノ島の聖水)、おテンペンシャ(苦行に用いたシュロ縄の笞)、おまぶり(十字形の紙片)、たまと神様(ロザリヨかメダル)、御隠居様(新しいものに替えられたあとの古い聖画)のほか、殉教者が用いたと思われる日用の食器や血のついた石ころ、小柄《こづか》などが納められている。ごぜん様は生月では内の神、うちないの神とも呼ばれ、神体は聖母子、聖人、殉教者であることが多い。聖母マリアは日本髪を結い、日本の着物をまとい、あたかもかんざしのように十字架が黒髪に飾られ、おさな児(キリスト)を胸に抱いている。

こうしたキリスト教の土着化にかんする説明は、現在の目で読んでみても興味がそそられる。弾圧と殉教の血なまぐさい歴史のいっぽうで、「切支丹の民俗」に光をあてていることに、『日本残酷物語』の民俗誌としての価値を見出すことができる。

異端の仏教徒

徳川幕府の禁制禁門となった仏教の宗派に、日蓮宗不受不施派がある。不受とは、信仰を同じくしない信者から供養を受けないことであり、不施とは、信仰を同じくしない僧侶に供養しないことをいう。日蓮は異教のものから受け、彼らへ施すのは、真理をけがし謗法者におちいることだと警告した。しかし、日蓮のこうした対決主義や権力者に改宗を迫る「諫暁《かんぎょう》」は、数々の弾圧を招くこととなった。

また東北のとくに北上山地の山村には「かくし念仏」が広がっている。寺や僧とは関係なく、秘密結社のように団結し、念仏を行じて安心を求める民間信仰で、その秘儀は猟奇的に誇張され、人々に知られることとなった。

昭和三十四年（一九五九）二月、霧島連峰のひとつ新燃岳が七十年ぶりに爆発したとき、付近の部落民たちは、無気味な鳴動を続ける山を仰ぎみながら「オキリシマサァが腹かきゃった（腹をたてた）」とささやきあった。彼らは「カヤカベ」と呼ばれる信仰の持ち主で、新燃岳の爆発はだれかが掟を破ったか、信者が年々減ることにたいする、オキリシマサァの怒りのしるしだと考えた。

薩摩では二百八十年にわたり、「真宗（一向宗）」が国禁とされていた。解禁されたのは明治九年（一八七六）五月のことで、鹿児島の人々はこのことを「お開き」または「おゆるし」と呼んだ。一向宗の信徒はそれまで、家族ぐるみで遠島、遠所に流されるか、女は入札競売で見知らぬ土地に奴隷として買われた。島津の時代、一向宗の信仰が暴露して村中が大難に遭うことを「法難崩れ」といった。宗門方の役人は信徒にたいして、割木責め、縄責め、裸責め、火責め、水責めといった残虐な拷問をおこなった。禁制時代の「くらがりの世」から「お開きの世」となり、ふるさとに帰ってきた彼らを迎えたのは、役人や私学校生徒らの白い眼であった。明治九年には、「お開き」のとき布教の先頭に立った、大《おお》洲《ず》（文中では「大津」）鉄然《てつねん》ら八名の遭難事件がおこった。

　第二章「国を恋う人々」では、漂流者船頭重吉や流刑者近藤富蔵の一代記が取りあげられる。近藤富蔵は、父重蔵とともに半之助一家を斬り、八丈島へ流罪にされるが、貴重な民俗誌を残した人物である。

「領国の民」と題した第三章は、幕藩体制のしがらみ、明治維新という大転換のなかで翻弄された士族が主人公である。「かたき討ち」という習俗の理不尽が描かれ、土佐執政の娘であった野中婉や、水戸、会津、薩摩各藩の武家ゆえに不幸な人生を送った女性たちが登場する。また数千人もの人々を統率した南部三閉伊の一揆、家畜さながらにこき使われた時国家の下人たちも、鎖国下の民衆であった。

　現在では、鎖国制度のもとでも海外との交流があったことが強調されたり、文化的成熟の側面から、肯定的に捉える歴史認識もある。しかし、『日本残酷物語』が訴えかけるのは、外来文化にたいする好奇心とは裏腹な、新しいものへの警戒心であった。さらには宗教的不寛容ともいうべき、宗教にたいする抑圧的な風土が、鎖国のあいだに醸成されていたのである。

4、開化と停滞——『保障なき社会』

「近世」から「近代」へ

第四部『保障なき社会』は「過渡期の混乱」、「ほろびゆくもの」、「流離の世界」の三章からなる。幕末から明治維新にかけて、名目上の近代化、資本主義化によってなにが大きく変わったかがこの部の主題だといえよう。

身分制度は撤廃され「四民平等」がうたわれたものの、旧来の共同体がもっていたつながりは失われ、人々の関係はちりぢりになってしまった。新しい産業が勃興し、鉄道網が整備されることで、急速な変化から取り残されるもの、見捨てられる村落が続出した。

執筆者としては詩人でアナーキストの秋山清、同じく詩人で近代批判の姿勢を貫いたことで知られる金子光晴が一覧に記される。また監修者のひとりである楫西光速の名前も、この四部で初めて出てくる。

三陸大津波

第二章「ほろびゆくもの」の「流亡の村」には、三陸津波の被災村落の話が取りあげられる。この部分のもとになる原稿は、柳田国男門下で、三陸の海村を調査して『津浪と村』（一九四三年刊）を書いた民俗学者山口弥一郎によるものであろう。

自然災害によって住居を移さなければならない例は、山間における雪崩や地すべり、海辺の集落では津波や高潮があった。海底の地震にともなう津波に見舞われた地域で、最も被害が大きかったのは三陸地方だった。慶長十六年（一六一一）の大津波では、記録が残る伊達領内だけで男女千七百八十三人の溺死者を出し、南部藩を合わせると数千人におよんだと推定される。その後も明治二十九年（一八九六）六月十五日、ついで昭和八年（一九三三）三月三日の真夜中にも大津波が襲った。

昭和八年の津波被害を明治二十九年と比較すると、家屋の流失倒壊には大差がないのに、死者は十分の一近くに減った。その原因の一つには、三陸海岸の人々が明治二十九年の津波に訓練されていたからだと考えられる。しかし逆に、このときの災害で壊滅し、津波の経験をもたない人々が再興した村などでは、津波の実態がよくつかめないため、災害を大きくしているようにみられる。津波は地震後、数分から数十分して来襲するものだとわかっていれば、あわてずに退避できるものだが、そのためには地域の古老の経験にもとづく知恵がものをいった。

明治二十九年の六月十五日の午後七時三十三分ごろ、釜石東方沖合約二百粁に、海底地震が起り、津波はおよそ四十五分のちには三陸沿岸に達した。この日旧暦では五月節句の日に当っていた。越喜来《おっきらい》（気仙郡三陸村）付近では天気はよく、暖かな日で、あまり強くない地震を夕方まで八回くらい感じたが、気にとめるほどのものでもなかった。佐々木清一氏が雨戸をしめ厩にいって秣《まぐさ》をやって一間ほど歩いてくると、沖の方でノーン、ノーンという音がする。家にはいると彼の父が「清一、沖で何か鳴るではないか」といった。清一氏も「なんだか鳴るようだ」といって坐り、四、五分たつと、ドトッとゆれてきた。汽車が通る時はこのようになるものだなどと語っていると、二分もたったかと思う間もなく、ワーワーと物のこわれる音がした。父に大戸を閉めろといわれた。なんだか強い恐怖に襲われて、家内中おびえたようになったが、これでもまだ津波だとはわからなかった。これほどに津波に対する知識がなかった。

被害の実態を比較してみると、津波を受けた低地の集落を高地に移住すれば、新しい災害を避けられるはずであった。しかし、それを実行するには困難がともない、したがって再び大きな被害を受けた場合も少なくなかった。

驚くべきことには、明治二十九年の三陸大津波の対策が、政府によってはほとんどなされなかったことである。三陸地方という僻地にたいする世間の認識が薄いせいか、政治機構が突発的な災害に対処するのに適さないためか、復旧や浪災防止の施設を国費でつくった例は皆無だった。義捐金を期待して計画された村々の高地移動や区画整理は、資金の現地調達が延びてとりやめになり、そのまま被災地に復興して、昭和八年にも災害にあった例もある。いっぽうで海岸低地より高地へ移転して、昭和八年の災害を免れているケースもあった。

天災列島

津波のほかにも自然災害による村の流亡がこの列島には少なくなかった。

都市中心主義である国家の視点からみれば、「フンドシのシワみたいなところに、よくもシラミのように住みついている」山間僻地の人々は、金と手数のかかる厄介物であり、生きているだけでもありがたいと思うべき代物だった。明治以来の政府と知識人は、地域の後進性を指摘することには熱心だったものの、こうした人々にはなんら対策を実施してこなかった。

琵琶湖の北、高時川の谷奥の雪深い村人は、平地らしい平地はなく、わずかばかりの川原や、山の中腹の傾斜地に住みついていた。支流の奥にぽつんと一つある奥川並《おくかわなみ》の在所などは、下流の人も長いあいだ気づかずにいたという伝説がある。

明治二十八年（一八九五）と翌二十九年、この地方は豪雨による高時川の増水で、大水害にみまわれた。二十八年七月は水がひいたあと、上丹生《かみにゅう》の川原に文字を書いた板片が一つころがっていた。そこには「人家九棟其他二十一棟浸水シ、小屋一棟流出シ、本家二棟破損増水ハ五尺一時非常ノ騒」と書いてあった。この板は川上の田戸《たど》の住人が流したもので、ほかの村も流したが、流水が川下へ押し流してしまったのである。明治二十九年（一八九六）八月末から九月初めにかけての洪水のときも、字を書いた板を川上から流した。こんどは川下でも気づいて何枚か拾いあげてくれた。その後も川上との交通の途絶えるときには、流し木の文が川上と川下の意志をつないでくれた。しかし、このときの水害は山中の人々を打ちのめした。そして多くの人がお上《かみ》のすすめによって北海道へわたっていった。

こうした山中の悲惨な暮らしは庄川上流の山峡地帯五箇山《ごかやま》にもあった。また奈良県十津川郷の山村は、明治二十二年（一八八九）に未曾有の水害に見まわれた。山崩れが数百ヶ所でおこったこの災害の罹災者は北海道移住を決意し、新十津川村をつくることで救済の道を見出そうとした。しかし石狩川右岸にひろがる平野の開拓は苦難の連続だった。ほんらいは山の民であり農業に馴れない人々は、土に密着することができず、新十津川からも流離していくことになった。

日本列島は今日でも季節ごと、あるいは何十年周期で大きな自然災害に襲われる。この国では、災害とともに暮らすことが必然的な営みだった。しかしいっぽうでは環境的に、また経済的に弱い立場の人々ほど災害に苦しめられてきた。さらには天災には人災の側面があることが社会的に認知され、滲透することについて、いつまでも未成熟なまま過ごしてきたのである。

移民の群れ

第三章「流離の世界」では、共同体の崩壊、漁民の悲惨に引きつづく、周防大島の人々の幕末維新のようすが描かれる。山口県周防大島の百姓市五郎とその子善十郎、彼らを取りまく島民の暮らしの転変は、近代化に翻弄された民衆の姿を浮かびあがらせるものである。

市五郎の家には一町歩ほど田畑があったが、弟が旅先で感染した赤痢で父が死亡し、長州征伐のあおりも受けた。明治六年（一八七三）に市五郎の長男善十郎が生まれたころ、家は貧窮のどん底で、善十郎は小学校を止めさせられてしまった。やがてフィジーに移民し、甘蔗を栽培。この渡航も失敗に終わり、善十郎は傷ついて周防大島に帰ってきた。善十郎は長じて養蚕に取りくんだものの、やはりうまくはいかなかった。

ハワイとアメリカ、南洋・グアテマラへの移民たち、沖縄から移民していった人々についても描かれていくが、周防大島にかんする部分は宮本常一の手になる、彼自身の祖父と父の伝記であった。貧しい島に生まれ、さまざまな生業に手を出し、移民を企てた彼らの姿は、まさに近代民衆の一典型だった。

移民といえば現在では、日本が受け入れ先となるケースを思い浮かべることが多いであろう。しかし、日本人はこれまで世界の各地に移民し、慣れない風土や文化的差異、差別の目にさらされてきたのである。

鉄道が引きさいたこと

日本はかつて、河川を利用した舟運がさかんだった。しかし、列島の各地に張りめぐらされ、物資の輸送手段であった水の動脈は、鉄道の敷設により衰えざるをえなかった。九州北部を流れる遠賀川は、炭坑から掘り出された石炭を積んだ川舟が列をなすほどだった。ところが明治二十四年（一八九一）に筑豊興業鉄道が開通すると、川筋の舟子たちは急速に姿を消すこととなった。

江戸では利根川、大坂では淀川を利用して物資の運搬がおこなわれた。栃木県の西南端を流れる渡良瀬《わたらせ》川の下流地方は、江戸から奥州、越後、中山道に向かう人々が舟を使ったので、日に三百艘もの帆船がのぼったという。

栃木を貫流する巴波《うずま》川は、江戸と関東北部を結びつける重要な動脈のひとつだった。栃木町には明治初年には、栃木県庁がおかれた。しかし明治十八年（一八八五）に東北本線が開通すると、町は急激に変化した。東北本線は最初、栃木、壬生《みぶ》、宇都宮を結ぶ予定になっていたが、栃木町はこれに反対。その先頭に立ったのは地主たちと、巴波川舟運に依存してきた問屋衆であった。鉄道が栃木町をはずれて通るようになっても、舟運と鉄道では輸送時間が変わらず、舟賃のほうが鉄道運賃より廉いので影響がないようにみえた。しかし時間と運賃のバランスが崩れたとき、深刻な事態となった。船積問屋は減り、船頭や人足たちは失業し、舟大工は無用になった。商人町栃木の歴史は巴波川の歴史であり、巴波川とともに繁栄し、巴波川とともに「衰微の道」を選んだのであった。

こういった事態は、河川を使った舟運の町や村だけに起こったことではない。峠路にトンネルが開通し、街道に沿った山村は、往来から見放された。汽船や洋型帆船の出現によりさびれた港町も少なくなかった。そしてまた、廃藩置県による城下町の衰退もはなはだしいものだった。

国家の近代化にとって、交通機関の発達はなによりも重要なことだった。物と人を大量かつ短時間に移動させられることで、経済活動は活発化する。しかし文化の伝播という側面からみた場合、発達は破壊を生み出すことともなった。街道はともかく水路については、歴史的遺産として取りもどすことはもはや困難である。

庶民・武士・アイヌ

第一章「過渡期の混乱」の「開化のかげに」では、村のなかで行灯《あんどん》からランプへの転換がいきわたるのは、明治二十年代に入ってからのことだと説明される。

大阪平野でも明治二十年前後から、「ランプヤサン」と呼ばれるランプ行商人が現われた。彼らはガラス製のランプの付属品一式を、大きな竹籠に入れ、天秤棒で担いでまわった。これは全国各地に見られた姿で、彼らが村々にランプを拡げていった力は大きかった。しかし、臭気をまき散らし、引火しやすいランプは嫌われた。食物や蚕に、ランプの石油の臭いがつくと害があるというので、せっかく買った石油を老人が捨てさせたという。また、神仏にランプの火をあげると罰があたるという風説が流れた。

明治維新による欧米文化の流入や新しい言葉の出現は、庶民に混乱をもたらした。民間療法や漢方医学に頼ってきた人々は、いかめしい病院の鉄の寝台を、人体から脂を抜きとるものだと誤解した。太政官が布告した徴兵令告諭中に「血税」という言葉を見たとき、これを文字どおり国民から血を絞りとることだと解釈して、敏感に反応した。そして庶民は武器を取り、役場を襲った。

この第四部ではアイヌ民族の問題についても、多くのページが割かれている。

農業経済学者・歴史学者でアイヌにかんする多数の著作を書いた高倉新一郎は、北海道民がアイヌにたいして差別意識を持っていると感じた経験がある。それは大正十三年（一九二四）と昭和十四年（一九三九）のできごとで、同じようなことはつい最近までみられたという。高倉はアイヌへの同情と共感は「ほろびゆく者への哀惜」ではなく、またそうあってはならないと指摘する。「人間としての誇りと凱歌はおそらくアイヌの側にあったことはたしかである」。

北海道の開拓史は、日本人がアイヌにたいする搾取を、ぎりぎりにまで拡大していくことに腐心した歴史であった。またそれは、北海道がアイヌにとってアイヌモシリ（アイヌの国）ではなくなり、アイヌが人間並みではなくなっていく歴史であった。さらにここでは、千島アイヌの末路や樺太アイヌの悲劇が描かれ、アイヌが北海道だけにいた「民族」ではないことを明らかにするのである。

5、女工・貧民・廃兵――『近代の暗黒』

東北大凶作

第五部『近代の暗黒』の序文では、近代化がもたらした都市と地方の格差、都市における階層化について次のような認識が述べられる。

日本近代社会の急激な、しかも跛行的な発展は、都市と田舎との関係にはっきり示される。おなじ都市といっても、たとえば東京の知識層と隅田川の東にひろがる一帯とでは、ほとんどつながりがない。知識層に代弁される文化を東京文化とよぶならば、濹東《ぼくとう》の地帯は東京に無縁である。

都会と田舎の対立、また都市階層の分裂といっても、それはもっぱら都市の知識層や消費層の意識と生活にかかわりあることで、むしろ都市の下層と田舎とは、たがいに滲透しあう一枚の紙ほどのへだたりをもつ存在であった。

そしてここでは「近代の暗黒」の象徴として、昭和九年（一九三四）におこった東北地方の大凶作が取りあげられる。

東京、神奈川方面の紡績工場に、秋田県から千八百四十七人の女性が出稼ぎにいき、なかでも仙北郡と平鹿《ひらか》郡の出身者が多かった。二つの郡は小作争議が激しく、農民の窮乏の酷かった地域であった。昭和十一年（一九三六）の末に秋田県警察部が調査したところによると、同年中に離郷した女性は二千八百二十四人で、彼女たちが就いた職業は女給八十、女中子守二百三十八、女工千五百六十三などであった。全体の五十五パーセントが女工で、十八パーセントが芸妓、娼妓、酌婦といった「醜業婦」とそれに類する仕事だった。紡績会社や製糸工場による搾取、非人間的資本の暴力が女工を絶望にかり立てたのは事実だが、彼女たちを送り出した故郷も生家も、娘を犠牲にしなければ生きてゆけないという事情があった。女工にかぎらず、明治から大正、昭和と変わるにつれ、社会的に力のない人々がどれほど生きにくかったかは、親子心中が激増している事実からも明らかである。

この第五部の執筆者には、都市問題に精通する社会学者・社会事業研究者の磯村英一、大正デモクラシーの研究で澄明な歴史学者の松尾尊兊《たかよし》、埼玉県の農村に暮らした詩人で農民運動家の渋谷定輔、山形県の農民と農業をうたった詩人の真壁仁らの名前がみえる。

飢饉と米騒動

第三章「大地のうめき」では、冷害や飢饉がもたらした農村の窮迫が詳しく描かれる。東北の農村の暗さと貧しさは積雪地帯であるうえ、零細小農にたいする高率小作料と、封建的な地主支配という社会的条件が重なったことによるものだと捉えられる。

昭和九年（一九三四）の夏、東北一帯を襲った冷害凶作で無作が続出し、普通作のときでさえ苦しい農民は、貧窮のどん底にまで追いこまれた。食糧に窮した農民は、草根や木皮をあさるため山に入り、クリ・キノコ・トチノミ・ナラノミを獲り、野生の草根を掘りだして冬季の貯えとした。南瓜を味噌汁にした米抜きの昼食、茎菜漬に飯粒をまぜた雑炊が常食となった。十一月に欠食児童は山形県下で七千名を数え、それまでと合わせると四万名になると予測された。児童は学校から昼までに帰宅し、子守り、草刈り、木の実拾い、稲刈り、養蚕の手伝い、高等科の生徒は土方仕事に出て賃取りをした。

若者たちは続々と県外に出稼ぎに出た。娘たちは製糸女工か、芸妓、娼婦、酌婦として売られてゆき、帰ってくるのは病魔に侵されたときだった。

最上郡O村で教師をしていた男性は、冷害のあった冬東京に出張し、ひやかすつもりで吉原を歩いていると、客引きをしている教え子に会った。彼女たちは六年年季で前借の六百円を埋めるために、二千百四十三人の男を相手にしなければならなかった。娘の身売りは、冷害凶饉のため急に起こったことではなく、昭和初めの恐慌以来増加してきたものであった。封建社会の百姓は女の子が生まれると間引きをしたが、明治になると育てて売るようになった。近代は、人身売買を公然のものにしたのである。

大正三年（一九一四）に刊行された横田英夫の『農村革命論』によると、農民のあいだに「米をみせれば病気がなおる」という俗信が広まったのは、農民が米をつくりながら、いかに米を奪われていたかを示しているという。また、「畳のうえに寝させると病気がなおる」という千葉の農民たちの言いつたえは、彼らのほとんどが畳敷きの家に住んでいない表われである。圧迫された農民たちはしばしば暴徒と化し、小作争議を起こした。彼らは暴力化しなければなにひとつ闘争できなかったが、争議の敗北は生産と生活の場所が狭い村の中におかれている農民たちにとって、墓場を意味した。

大正七年（一九一八）に富山県下新川郡魚津町から始まった「米騒動」は、たちまち全国に波及した。富山県は砺波《となみ》平野を控えて、全国有数の米の産地として知られているが、その大半は県外に輸出され、県下の巨大地主や米商人が膨大な利益を得ていた。海岸地帯の漁民たちの暮らしは極度に貧しく、滑川町では、町民約二千戸のうち千五百戸、七十五パーセントが貧民の対象とされていた。

七月の末から富山県沿岸を巻きこんでいった米騒動は、八月十日には京都と名古屋の二大都市に飛び火し、全国的な騒動となった。京都で最初に立ちあがったのは、京都駅近くの柳原の被差別部落だった。京都の部落民蜂起の知らせは、全国各地の被差別部落を動揺させ、都市の部落民だけでなく、農村の部落民も次々と立ちあがった。全国の米騒動で検事処分となったものの十パーセントが被差別部落民であった。この数字は全人口の二パーセントに及ばない部落民が、米騒動で積極的に活動したことを物語るだけではなく、警察が部落民を「強欲凶暴の徒輩」として危険視する、差別観念をもっていたことによるものと思われる。

女工たち

近代産業における「残酷」の典型ともいうべき女工と坑夫が、ここの第五部でようやく取りあげられる。

「日本の産業資本発展の基礎であった紡績資本が、その貪欲な軀体を「女工」のまえにほしいままにしたのは、明治三十四、五年において極に達した」。女工の労働時間はこのころ、それまでの一日十二時間から、一日十八時間に達していた。昼業したものがそのまま徹夜業に就かされ、三十六時間も立業させられることもあった。

製糸・紡績工場は、資本制工場制度の搾取機構として寄宿舎をつくった。また昼夜操業とともに女工争奪戦がはじまり、言葉巧みに女性を連れてくる、募集人制度が現われた。

募集人　……そうれごらん、これが会社の庭園、おにわです。これが運動場、これが食堂、つまりこの家でいうとそこのご飯たべる鍋座ですなあ。それからこれが娯楽場、これが浴場、これが休憩所。――それからこれが工場のおもだったところですよ。織布部、精紡室、綛《かせ》室、荷造り、仕拵室、どっこもみな機械ばかりでしょう。人間の手でするようなヘマな仕事は皆目ないのです。何分糸をつなぐまで機械でするのだから仕事といったってただ側に遊んでいてときどき機械の世話さえしていりゃいいのです。そりゃ楽ですよ。

女工たちは工場に入って初めて、募集人にだまされたことを知るものの、契約期間中は耐えるほかなかった。脱走を試みたものは捕えられ、殴打されたり、裸で工場内を引きまわされたりした。

大阪でコレラが流行したとき、ある工場が患者を隠匿し、病菌が寄宿舎に蔓延したことがあった。真正患者と診断されたものは助からないと断定され、買収した医師が毒薬を調達し、飲み薬に混ぜて与えた。苦悶が始まると「死体室」という小舎に連れていき、機械の空箱へ詰めて火葬場に運搬した。明治時代の工場監督官はこういった慣行を見すごし、形式的な報告書を綴るだけだった。しかし、労働衛生学上の先駆的著作『衛生学上ヨリ見タル女工ノ現況』(一九一三年)を著し、国家医学会例会で「女工と結核」という演説をおこなった石原修は、数少ない例外であった。

明治十九年(一八八六)に山梨県甲府市の雨宮製糸所で起こった百余名の女工によるストライキと、明治二十二年(一八八九)九月三十日から十月五日まで大阪天満紡績で紡績女工が起こしたストライキは、自然発生的ではあるものの、近代的な要求にもとづく争議であった。昭和五年(一九三〇)に始まった産業合理化政策により、産業構成は重化学工業に、生産構造は軍需産業に組みかえられ、労働力も入れかえられていった。繊維工場も整理、淘汰され、軍需織維製品の工場を除くと、軍需工業の部品工場などに切りかえられ、女子機械工が生まれた。女子工員のなかには、過酷な労働により自殺するものや発狂するものが続出した。

坑夫たち

炭坑夫の地上での日常生活は、納屋制度の網の目の中に捕えられていた。

一つの山は数名または数十名の納屋頭が、会社の下で坑夫を支配し、彼らの横暴が激しいところは「圧制山」と呼ばれた。納屋は五、六戸が一棟で、一戸は四畳半か六畳一間、家具はひとつもなかった。圧制山で逃亡を企てた場合の折檻は壮絶なものだった。それでも借銭に耐えきれず、逃亡するものはあとを絶たなかった。こうした戦前の炭鉱の実態は、井上光晴の文章からの引用で説明される。

炭塵やガス爆発は、炭鉱災害のなかでも最も大きな被害を生み出す事故であった。爆発についいで大きな事故は浸水だった。昭和三十三年（一九五八）五月、長崎県北松浦郡の中興鉱業江口炭鉱では、八本の爆薬を一度に発破させたことが原因で、二十九名が水に閉じこめられ死亡した。検屍した医師によると、死因は窒息死あるいは餓死で、水没後七日から十日ぐらいは生きていたであろうという。この事故で父兄の生存を願って、炭鉱の子どもたちは作文を綴っていた。

第二章「地のはての記憶」では「監獄部屋の人々」と題して、タコ部屋の実態が描かれる。タコ部屋と呼ばれるのは、「おのれの不了簡や一夜の酒食で骨身をけずる苦役の世界へ落ちこんでゆく」境涯が、自分の身を食い詰めるタコの習性に似ているからであるという。今日の北海道は、このタコ部屋に閉じこめられ、苦役を強いられた人々によって築かれたところであった。北海道の鉄道には枕木の数よりも多くの人間が埋められている、といわれるほど、彼らの犠牲は大きかった。そしてこの章では、小林多喜二の『蟹工船』のもとになった、大正十五年（一九二六）におこった博愛丸事件が紹介される。

貧民窟にて

第一章「根こそぎにされた人々」では、大阪、神戸、東京の「貧民窟」が写しだされる。本書の第二章で、「残酷もの」の先駆けとして取りあげた、明治大正のルポライターが潜入した世界である。

西日本で最大規模の貧民窟、大阪の釜ヶ崎が登場する。管轄の西成警察署の検挙件数が、発生件数の三倍にのぼるという数字が示しているとおり、釜ヶ崎は犯罪をおかしたものにとって絶好の逃げ場になった。この町で鼻をつくのは、ホルモン鍋から漂う異臭であり、昼でも夜でも人間がごろごろしていた。ゴミ箱のかげで酔いつぶれて寝ている男、うどんの玉を新聞紙に包んで立ったまま食べている女、ズボンやシャツを一、二枚腕にかけて町角で売りつける古着屋……。

釜ヶ崎の北側にはかつて、「幽霊裏」「蜘蛛の巣」と呼ばれた貧民窟「長町《ながまち》」があった。ところが明治十九年（一八八六）に、大阪府が長町の木賃宿を取りこわしたため、貧民たちは今宮村（のちの釜ヶ崎）に移った。さらに明治三十六年（一九〇三）に万国勧業博覧会が開催されることになると、長町の表通りは退去を命ぜられ、釜ヶ崎が大阪市南部の貧民地域の中心として膨れあがった。

長町は東京のジャーナリストを引きつけ、鈴木梅四郎の『名護町視察記』（一八八八年）、桜田文吾の『貧天地飢寒窟探検記』（一八九〇年）が刊行された。桜田が名護町（長町の別称）に入って驚いたのは、食物を売る店だった。鰹節の煮出し殻、牛肉屋や割烹店が捨てたネギ、生魚の腸《はらわた》、ハモの頭、鶏肉屋の切りだした鶏の骨……。どれを見ても大阪で大流行していた、コレラの媒介物になるようなものばかりであった。貧民窟では、コレラを大して恐れないような雰囲気が充ちていた。コレラで死ねば周りの人間が葬式の世話をしなくて済むというので、「死ぬならコレラ」という言葉がはやった。

港町神戸の貧民街は、大阪とはまた別の特徴をもつ。賀川豊彦の自伝的小説『死線を越えて』で知られるようになった新川では、こんな会話がなされた。

「先生の知っての通り、うちには餓鬼が六匹も七匹もおりまっしゃろ、金の借れる処はズッと借りておりまっしゃろ、『どこかで金の工面をしてお米を買うてこい。それ位の工面ができないで……甲斐性なしよ』と、安さんが怒りますけんども、わたしは、よその人のように淫売に出る甲斐性はおまへんしな……」。

大正の中ごろまで、東京の貧民窟といえば神田の橋本町、芝の新網町、四谷の鮫ヶ橋、下谷の万年町が「四天王」と呼ばれていた。しかし関東大震災以降、万年町と新網町から、貧民はほとんど影を絶った。それに代わって三河島、日暮里、南千住、西新井、吾嬬《あづま》、板橋などに貧しい人々が集まり、なかでも日暮里には千住三ノ輪方面、万年町、山伏町の貧民が追われてきて巣窟をなした。

社寺の境内や門前、縁日などに、乞食が坐りこみ同情を集めるのを、「張り店」といった。張り店は小さな子どもがいるほうが、稼ぎがよかった。この子どもは乞食の子ではなく、たいていは「借りっ子」だった。借りっ子にも上・中・下があり、上は盲目、中はよく泣く子、よくお辞儀をする子、下はなにも芸のないふつうの子だった。

隣人と廃兵

『日本残酷物語』は第五部『近代の暗黒』で〝近世・近代篇〟を閉じ、二部からなる「現代篇」に移る。そして〝近世・近代篇〟の最後に登場するのは、第二次世界大戦への参加を余儀なくされた朝鮮半島の人々、戦いのなかで傷ついた兵隊たちであった。

朝鮮人が日本に本格的に移住をはじめたのは、明治四十三年（一九一〇）の日韓統合以降であった。憲兵と警察の力で推しすすめられた日本人による土地収奪は、世界の植民史上でも類をみないほど徹底的で、農民たちは流民の群れとなり、故郷を放棄せざるをえなかった。満州、シベリア、中国、アメリカへ移住していった人々も少なくなかったが、大多数は日本へ渡航し、あるいは強制的に拉致されてきた。

昭和二十年（一九四五）三月には、全国の炭鉱労働者の三十二パーセントが朝鮮人で占められていた。北海道の炭鉱ではとくに多く、昭和十八年末の統計によると、坑外労働者の四十五パーセント、坑内労働者の六十五パーセントが朝鮮人労働者だった。昭和十五年から昭和二十年までの五年間だけで、百万人近い朝鮮人が強制的に移動させられ、終戦時の在日朝鮮人は二百万人近くに達していた。

朝鮮人に心を傾け、結びついていった日本女性のなかには、朝鮮人の差別的立場に共感をおぼえずにはいられない境涯のものも少なくなかった。

第五部は最後に、「廃兵問題」を取りあげる。廃兵が大きな社会問題となったのは日清、日露戦争後で、日露戦争では八万人あまりの廃兵をつくりだした。明治天皇は日清戦争後の勅語で、「病癈トナリタルモノニ至リテハ朕深ク其事ヲ烈トシ其人ヲ悲シマサルヲ得ス」といい、日露戦争後の勅語では、「癈痼ト為リタルモノヲ悼ム」と述べた。「廃兵」の呼称は、これらの勅語からおこったといわれ、戦争のあとには美談に彩られた廃兵の姿が銅像になるとともに、ニセ廃兵たちが巷に溢れた。

昭和十一年（一九三六）に財団法人大日本傷痍軍人会が設立されたものの、戦争の拡大とともに古い廃兵は死んでゆき、新しい廃兵が次々に誕生していった。しかし敗戦が近づくにつれて、傷痍軍人に関心を払っている状況ではなくなった。太平洋戦争後は、自衛隊が新しい廃兵予備軍となり、軍人恩給は復活したものの、「上厚下薄」は改められてはいない。五体健全な旧軍人の恩給額は、傷痍軍人の恩給をはるかに上まわっているのである。廃兵は、「もっとも鋭く歴史の実相と未来をとらえた人々の集まりであったにもかかわらず、戦後のわたしたちはふたたびこれらの人々を封蠟の中に閉じこめ、置き去りにしてしまった」。

第五部ではこうしてすでに、「現代」の問題が取りあげられていた。ここでいう「現代」とはとりもなおさず、戦後社会のことである。ここから「現代篇」では、現在と地続きの残酷な社会が、鋭く追及されていくのである。

第四章　矛盾と分裂の「現代」

――公害・搾取・災害

1、疎外された人々――『引き裂かれた時代』

疎外を生きる

昭和三十五年（一九六〇）十一月発行の現代篇1『引き裂かれた時代』の序文は、次のように語りはじめる。「わたしたち日本人の心情は、十五年前の原爆体験によって、人類的視野の一角を獲得した」。ヒロシマが表明した、「過ちをふたたびくりかえさない」という決意は、日本人が人類全体を背負って表白した、無垢の後悔であった。そして原爆加害者のなかにではなく、被害者日本人のなかに、初めて新しい原罪の思想が胚胎した。

このように序文は、現代の矛盾と分裂について述べる。さらに、数多くの疎外を平衡感覚として生きる現代人の日常生活は、「一歩あやまれば別の体系、すなわち犯罪者の体系あるいは精神病者の体系に組み入れられてしまう」という。現代人の幸福はだから、自分たちの身の上に「何かがおこる」ことではなく、「何事もおこらない」ことだというのである。そして疎外された人々の例として、郵便労働者による郵便物の選別作業、区分作業が描きだされる。

……一枚ずつ処理されてゆく郵便物の堆積は、これとわかるような減り目をけっして人にみせはしない。機械のように無感覚な動作がくりかえされてゆくと、郵便物の山はいつか消えているのである。区分のばあいも、脳髄は左手の葉書に書かれた府県名を読み、右手に区分すべきことを命令するという神経的な能力を喪失して、右腕が単独に独自の意志と能力をもつように、機械的に葉書を区分棚にほうりこんでゆく。

労働者は近代社会において、「疎外のはてに疎外を共同連帯のきずなとした者たち」であり、「近代の病のもっとも深い体験者」であった。また、日本の資本主義社会から疎外され、「孤島苦」に呻吟した人々も、故郷の島を離れ、巨大産業の底辺に組みこまれていったのである。

この巻には三十一名の執筆者が名前を連ねている。なかでも作家の石牟礼《いしむれ》道子《みちこ》、歴史学者の大江志乃夫《しのぶ》といった、『日本残酷物語』刊行以降、持続的な仕事に取りくんだ人の名がみえるところに、「現代篇」の編集手腕がうかがわれる。

コンベアの奴隷たち

ベルト・コンベア――それはさざ波もたてず、たえず製品が流れる機械の川である。川はつねに直線的に流れ、まがるときには鋭く直角に方向を転じる。沿岸にはおなじ作業椅子と、おなじ蛍光灯と、おなじ電気ゴテと、おなじ制服をきた娘たちとが等距離にならんでいる。

第一章「巨大産業の底辺」では、オートメーション化による量産体制が生み出した疎外が摘出される。

日本最大の工業地帯、京浜工業地帯の裏側には、下請労働や家内労働が、大工場の「有機的細胞」として息づいている。電機、鉄鋼、自動車、石油、化学、食品など、紡織をのぞく、あらゆる種類の全国でトップクラスの工場が東海道の両側にひしめく。従業員数四桁以上の大工場のあいだに、従業員数三桁の中小工場が潜んでいるのである。

戦前の中小工場は熟練した手技で、小量でも、多様で変化に富む製品をつくりだす特色をもっていた。しかし巨大企業の系列に組みいれられた戦後の零細下請工場は、コンベアの量産体制に即応することを要求されるばかりである。

コンベアが滞りなく流れるには、部品がたえず補給され、準備されなければならない。しかも工程の数だけ種類が異なる、夥しい加工品が必要となる。「部品は、下請工場の現場倉庫に、あるいはどこかの家庭の主婦の作業机の上に、あるいは国道を走りつつあるミゼットの箱のなかにあって時々刻々と流れ、この工場にむかって走りつつある」。

都市部を離れた長野県岡谷付近の農村には、「納屋工場」と呼ばれるものがある。藁葺きの納屋の内部は改造され、暗い土間にミーリング、旋盤などの工作機械が所狭しと据えつけられている。納屋工場で生産されるのは精密機械の部品で、資本の系列は低賃金地帯を求めて、農村にまで拡がっているのである。

「機械体系は人間の労働を単純化し分業化し、さらに部分化し、体系が高度化すればするほど人間性は奪われる」。独占資本とオートメーションが結びつくと、生産の自動化が促進される。こうした労働現場の末端として、クロスバー式電話交換機による自動電話交換作業、電子計算機のキイ・パンチャーの仕事が紹介される。また第一章三節の「鉄の王国」には、「ペタリスト」という職業が登場する。ペタリストというのは、下請、孫請で働く人々にたいする蔑称で、自動化、機械化の時代にてくてく足で歩く人という意味である。

福岡県北九州市に本拠地をおく鉄鋼大手の八幡製鉄には、三万八千名の本工と、二万八千名の下請労働者がいる。このほか構外にも約七千名の労働者が働き、そのうち組織された下請は全体の一割弱の二千五百名におよんでいる。

こうした下請労働者には、高熱と過労で倒れるもの、墜落するもの、また自動車にはねられたり、起重機にはさまれたり、運搬中に手足を挫く、つめるといった事故に遭うものが少なくない。しかもそれを公傷か私傷か決めるのがひと騒動で、大事故は労働基準局がからんだ裁判沙汰になる。鉄鋼王国の「無災害何百万時間」という輝かしい記録は、社外工のけがや死は含まれていないのである。

公害の時代

第二章「労働者のふるさと」の第三節「むしばまれる労働」では、『日本残酷物語』の刊行時期、まさに進行中だった水俣病問題が報告される。この部分はもちろん『苦海浄土』の作家石牟礼道子の原稿がもとになっている。

昭和二十八年（一九五三）ごろから、熊本県水俣湾のいくつもの漁業集落で、中枢神経を冒されて狂い死にする、原因不明の奇病が発生した。この奇病に侵されたものは四十パーセント近い死亡率に達し、死を免れても後遺症がひどく、全治した例がなかった。患者の数は昭和二十九年には十三名、三十年には八名、三十一年には四十三名と年ごとに増えつづけた。昭和三十三年の夏、これまでの排水口より北側にあたる水俣川の川口に工場汚水が排出されるようになると、患者の発生地域が広がり、不知火海沿岸一帯の漁民の問題にまで拡大した。

昭和三十一年（一九五六）五月、熊本県立水俣保健所を中心に「水俣病対策委員会」が設けられ、県でも熊本大学医学部に原因の究明を依頼した。こうして同年、文部省科学研究所水俣病総合研究班が組織され、昭和三十四年七月には中間報告として、この奇病の原因は、「水俣湾内でとれる魚貝類にふくまれるある種の有機水銀が有力である」と発表した。それはつまり、浄化装置もなしにさまざまな有毒物質を含む汚水を流出する、新日本窒素水俣工場による湾内の汚染を指摘したものだった。

水俣市内の鮮魚小売組合は、「水俣の漁民が獲った魚はぜったいに売らない」と声明を出したが、漁場を失い、続出する患者を抱えた漁民たちは、新日本窒素にたびたび補償を要求したものの、工場側は熊大説を否定し、水俣病と工場廃液は関係ないと主張した。

昭和三十四年（一九五九）十一月二日の朝、熊本県芦北郡、八代郡、天草郡など不知火海区の漁民約二千人が、プラカードや幟を立てて水俣市中を練り歩いた。このデモ隊の姿は、市民が見なれている工場労組の示威行動とは趣を異にしていた。そのようすは、「大半が黒い素足にちびた下駄をはき、十四、五歳の少年から白髪の老漁夫、ねんねこのなかの赤んぼに口うつしで飴をしゃぶらせている主婦などもまじって、耳なれない浜言葉をかわしながら、水俣病患者を収容している市立病院まえに集結した」と表現された。

約千人の漁民がついに、工場になだれこみ、手当りしだいにハンマーや木ぎれでガラス窓を破って、室内にあった電子計算機、テレタイプなどを破壊した。警官隊も実力行使したため、双方に百人以上の死傷者を出す流血の惨事を招いたのであった。

水俣病の患者は昭和三十五年（一九六〇）六月現在で八十四名、死亡者は三十三名におよぶ。追いつめられた漁民たちは、新しい患者の発生が半年ばかりなく、工場に浄化装置ができたこともあって、汚染されたままの水俣湾内で、密漁を復活させた。漁師たちは水俣病の恐ろしさに怯えながら、死の海に船を乗りだしてゆく。「生きるために毒魚を食う。それは生きのびるかも知れない可能性をもとめて生きることとなのだ」。

なお石牟礼道子は、昭和四十四年（一九六九）に刊行した『苦海浄土——わが水俣病』の「あとがき」で次のように書いている。「本稿一部は一九六〇年一月『サークル村』に発表、同年『日本残酷物語』（平凡社刊）に一部。後、続稿をのせるべく一九六三年『現代の記録』を創刊したが、資金難のため、チッソ安定賃金反対争議特集号のみに止まり、一九六五年、『熊本風土記』創刊とともに稿をあらため、同誌欠刊まで、遅々として書きつづけられた。原題は「海と空のあいだに」である」。また自伝『葭の渚』（二〇一四年刊）

でも『「サークル村」』の昭和三十五年一月号に発表した『奇病』は、このタマノさんの語りを自分なりに構成したものである。この年に平凡社から出た『日本残酷物語』第一巻にも、水俣病のことを書いた。谷川兄弟の長兄であられる健一氏からの依頼であった」と記す（なお「自伝」からの引用文中の「『日本残酷物語』第一巻」は「現代篇1」のことである）。

現在では公害を告発したノンフィクションという枠を超えて、豊かな風土性を宿した現代文学として評価される石牟礼の『苦海浄土』の一部は、水俣出身である谷川健一により、『日本残酷物語』で初めて、多くの読者の目に触れる機会を得たのである。

つくられる水害

第三章「風と水の記録」に記録された伊勢湾台風の被害も、『引き裂かれた時代』刊行の約一年二ヶ月前におこった生々しいできごとだった。

昭和三十四年（一九五九）九月二十六日、名古屋市をおそったこの台風は、同市の西およそ三十キロメートルという最悪のコースを通り、しかも瞬間最大風速毎秒四五・七メートルを記録した。このため伊勢湾奥部に発生した高潮は名古屋港の検潮所で五・三一メートルという未曾有の水位になり、最高潮位四・三八メートルに備えてつくられていた海岸堤防、河川堤防、埋立地の護岸では防ぎきれず、全市域面積の約半分にあたる百二十平方キロメートルにわたって浸水した。

南部低地域は海抜以下であったため、二ヶ月以上にわたって湛水していた地区もあった。大都市名古屋で、千八百五十人以上もの人々がなぜ亡くならなければならなかったのか。その原因は大型台風の経験がなく、警報が徹底せず緊急避難ができなかったこととされているが、都市計画の甘さが根源にあった。

徳川幕府にとっても江戸の洪水防止は、緊急かつ永遠の課題であった。利根川、荒川の変流により乱流していた河道を整理し、氾濫していた低湿地が農民の努力で美田となり、武蔵国の石高は増えていった。

農地の開発が著しかっただけに、利根川、荒川の破堤による水害の打撃も甚大だった。寛保二年（一七四二）の大洪水は死者九千三百人、救助を受けたものは十八万六千人、稲作の減収八十万石という記録が残っている。明治維新で先進諸国から新しい科学技術が積極的に移植されるようになり、水害防除技術も面目を一新したが、大水害のたびに水害対策のずさんさが暴露され、国民が平常から政府の水害対策を監視するという風潮は育たなかった。

「京都府舞鶴市を流れる由良川《ゆらがわ》に沿う六つの集落は、古老によるといずれも由良川の「渡し守」をしていたという。その一つの八田では、対岸の堤防が家の敷地より高いため、手前の川岸が年々浸蝕されて、庭先にあった松の木が川の中に置き去られてしまうことになった。

昭和三十三年（一九五八）現在で日本は約三百のダムをもち、数においてアメリカにつぐダム国とされている。明治四十五年（一九一二）兵庫県小田原川の峰山に堤高十九・八メートルの発電用アースダムがつくられて以来、貧しい山河につくられたダムの増加はめざましかった。洪水や凶作のたびに娘を売り、田畑を手離さなければならない百姓があり、湖底に沈む村を捨てて海外へ流亡せざるをえない人々がいた。「万歳、万歳」と、日の丸の旗に送られて死地へおもむく兵士たちの多くも、それらの村々から出ていった。電力＝文明国の名のもとに、村々の一木一草を水没させて、日本のダムは次々とつくられていった。

ダム建設による水没補償費は、戦前は建設費の二、三パーセントにすぎなかったが、戦後は二十パーセント前後を占めるにいたった。水没地の人々のなかには、貧しさゆえに狂喜してダムを迎えた人もあり、一夜で「ダム成金」となり、新たな流亡へ落ちこんでゆく人々も少なくなかった。「これが戦後の一時期のダムをめぐる日本の山水図であり、神話であったといえないだろうか」。こういったダムの神話が、最近になり思わぬところから崩れはじめてきた。一つはダムの埋没、決壊の問題であり、もう一つはダムがもたらす人工水害の悲劇である。華やかな脚光を浴びつづけてきた「万能神ダム」のかげに、日本の未来にわたる暗黒が包みかくされ、口を開きつつあることを日本人は忘れていたのだった。

ダムは、日本の近現代のさまざまな課題を象徴するものであった。それは経済的自立を得にくい過疎地の開発、そこにつぎこまれる巨額の土建予算、大規模な人災の発生、またそのエネルギーを享受して潤うのが都市住民であるといったことなどにある。こういった問題は山間部に建設されたダムのあと、海浜部の原子力発電所の問題にも引き継がれていった。

「原子あと」の差別

戦後社会のなかでも、新しい差別と古くからの差別により、重層的に苦しめられた人々がいた。

日本人のほとんどは、戦後の歴史の起点を八月十五日においているが、長崎市浦上のキリシタンの歴史は、八月九日で区切られる。浦上の人々は八月九日の原爆投下より前を「原子まえ」と呼び、その後を「原子あと」という。八月九日と十五日は、日数にすればごくわずかにすぎないものの、二つの歴史体験のあいだには、深淵が横たわっているのである。

市民たちは「原子あとの浦上キリシタン」にたいして冷淡で、ある人は「原爆の話はあの人たちの自慢話なんだよ。それは熱心にとくとくとして話しますよ」と、刺すような言葉で述べる。「信仰と原爆とは密接な関係があるようですね。それは無知ですから、ただ祈りで解決すると思っているようです。生活の悲惨さに子だくさんが拍車をかけているんです」と話す人すらもいる。

いっぽうでGHQは、「広島や長崎では原爆で死ぬべきものは死んでしまい、九月上旬現在において、原爆放射能のために苦しんでいるものは皆無だ」という主旨の公式発表をおこなった。そして医師の派遣どころか、原爆症についての報道を禁止してしまった。昭和二十一年（一九四六）ごろになると原爆症は慢性症状に移行していった。熱傷によるケロイドは悪化し、放射能による白血病やガンが猛威を奮った。しかし政府も自治体も被爆者の医療に、金銭的な面で手を差しのべようとはしなかった。「平和都市建設」のかげで、被爆者たちは息をひそめて生き、国民が彼らを思い出すには、ビキニ環礁での水爆事故という、第二の被爆の悲劇を経験しなければならなかった。

放射能の惨害を調査し公表するときには、だれもが深い矛盾にぶつかり、逡巡躊躇する。遺伝への影響など、放射能の惨害を発表することが、被災者にたいする差別を生みだすからである。惨害をよく知り、被爆者の心理をよく理解する人ほど、筆にすることをためらうのである。

（ジレンマ）アリオクレヌ」（シッピツコウヒョウ）ガ（サベツ）ヲツクルジレンマ」（チュウコウ、三四ネン八ガツ）（イキテイテヨカッタカ）ノ一ペンサエ（サベツ）ケース二三ヲツクッタ」コノジレンマニオチイラヌヨウクフウヲコラシタガマニアワヌ」フカクワビル」イサイフミ……

右の引用は、『日本残酷物語』で原稿を依頼された一人の筆者が、期日まぎわに送ってきた苦悩にみちた電文である。

また、原爆によって廃墟と化した広島では、ある大きな被差別部落がとりあげられる。広島は原爆の投下で、全市にわたり焼け野原になったが、この部落は焼失から免かれたもののの、大半の家屋が倒壊した。その結果、手製のバラックが、狭い土地のなかにひしめきあい、以前にも増して「みにくい町」をつくりあげた。敗戦から十五年の歳月が経ち、広島は原爆の惨状からみごとな復興を遂げた。だがそれは市の中心部の目抜き通りだけで、この町はいまだに取りのこされている。東西を縦貫する百メートル道路は町の入口までで、町内は消防車が入ることのできない狭い道路で雑然としている。

この町には、被爆者でありながら被爆者手帳の交付を受けていない人が少なくない。手帳をもらうには現住所を告げる必要があるが、未開放部落の人は住所を隠したがる。差別の酷さを体験しているだけに、さらに被爆者として差別を受けるのは耐えられないことなのである。酷い被害を受けた人々が生きてゆくために、その被害さえもひたすら隠そうとつとめる。「これはその被害者だけの傷痕ではない。わたしたちすべての生活にひそむ、現代の傷痕ではないだろうか」。

第二章の「出稼ぎの島」で取りあげられた天草諸島の現在は、日本の近現代史の縮図といえるものである。「戦前の「からゆきさん」から戦後の「紡績」「炭坑」「船乗り」を通じて、つねに天草の出稼ぎは、島の貧困の解決手段として発展してきた」。また第四章の「癒えざる者の声」では、昭和二十五年（一九五〇）にできた精神衛生法が、治療より一般社会から隔離することを重視し、精神障害者をあたかも犯罪人のように見る傾向があると訴える。

この「現代篇1」で取りあげられた「疎外」には、今日的な問題が数多く提示されている。原水爆の被爆や公害被害が生みだした差別にもとづく「疎外」、精神病にたいする偏見がもたらす「疎外」という問題は、いまでも持続している。「現代篇」の現代は、現在と直接的に結びつく。さらにはまた新しい疎外が日々生まれていることに、読者は気づかされるのである。

2、小さな残酷――『不幸な若者たち』

日本近代の農村と農民

全七部からなる『日本残酷物語』の最終巻、現代篇2『不幸な若者たち』は昭和三十六年（一九六一）一月に刊行された。

序文はまず「日本近代の不条理をもっともあざやかに肌に刺青してきたのは農村の若者たちであった」と語る。彼らは知識人よりずっと鋭い形で、日本近代の矛盾と刺し違えるほかなかった。しかし、「日本近代の不条理を不幸な星形として手首にしるした若者たちの悲劇は、都会をはなれた草深い軒下や人目につかぬ岨道を舞台にしたため、世人の関心を呼ぶことが少なかった」のである。

日本の農村は自らが犠牲となり、近代社会の安全弁の役目を果たしてきた。日本の近代国家は、農村に残る前近代の枠組を利用して、行政組織の最下辺である部落を「みかけだけの自治体」として温存したのである。農村の若者は、農村の内部に止まろうとすれば人格分割の危険にさらされ、資本が流動する社会に脱出をしようとすれば、解体の恐怖に遭遇しなくてはすまなかった。

こういった問題意識に貫かれた「現代篇2」の執筆者のなかには、評論家・ジャーナリストで政治学者の丸山真男の弟である丸山邦男、作家・評論家・ジャーナリストの村上兵衛の名前がみえる。

未来なき若者たち

辺地における庶民の歴史は飢餓で彩られていた。こうしたなかで、将来の見定めのつかない青春ほど若者にとって痛ましいものはなかった。第一章「田舎の若者たち」の「村の余り者」によると、佐渡島南岸の村々の明治五年（一八七二）の戸籍には、「伯父」「伯母」と記されているものがいる。彼らは雇われ先もなく、婿にも嫁にもいけず、兄の家で働いて生涯を終えていくものたちのことであった。東北地方ではこういった次男三男たちを、「おじ坊主」や「おんじ」と呼び、長野県の伊那谷では「おじろく」といった。

秋田県横手地方の「若勢市《わかぜいち》」は、生産社会が拡大し、村の外に労働を吸収する世界が延びることで、初めて生まれたものだった。横手の東、奥羽山脈の西斜面の谷底は、生産力が低いうえ、虫害、旱魃《かんばつ》、洪水、大風雪など、災害がない年は稀というほどの地域だった。盆地の人々は、この山中を「山内《さんない》」と呼び、そこに住む人々を「山内者」といって軽蔑した。横手の三月の彼岸市はほんらい野菜の市で、山内の若者たちも野菜を売りにきていた。しかしその後、自分の労力を売るようになったのが、若勢市である。

第一章ではこのほかに、鹿児島出身の紡績女工、里子としての酷使に耐え、あるいは自殺に追いこまれた少年たちの悲劇的な人生が描かれる。また近代の「農奴制」というべき名子《なご》の制度が紹介される。

忘れられた子どもたち

章末には「和泉の国の青春」と題する一篇がおかれている。

摂津・河内・和泉の農村は、大阪を中心にして、早くから職業の分化したところであった。交通機関の発達する以前は、家内工場でできた製品を天秤棒で担いだり、荷車につけて運んだりした。子どもでも十歳ころにもなると、小銭を儲ける仕事が少なくなかった。この地方の子どもは、小学校が開校してからも長期欠席が多く、親たちの多くは六年生までで学校を退めさせた。

この地方には大きな駄ふご（ムシロでつくった籠状の容器）を担いで、町家のかまどでできた灰を買って肥料屋へ持っていく、「灰買い」という商売があった。こうした灰のなかでも人を焼いた葬儀場の灰は、肥料として最も効き目があるというので、価も高く喜ばれた。灰は軽いため、子どもでも担うことができた。

北田という少年は小学校もろくに通わず、十二、三歳ころから年上の青年について、灰買いに歩いた。北田には子どもの稼ぎをあてにする母親がいた。彼女は小さな織場の織子をしていた十四歳のとき、男に待ち伏せされて、女にしてもらった。それからは男と寝るのが癖になり、孕めば処分してくれる老女が片をつけた。「女房にしてやる」という男にだまされて北田を生んだものの、男はどこかへ消えてしまった。北田を生んでからは、子どもがあるため工場勤めがしにくくなり、男をみつけては寝ることで生きていった。

母親は北田が一文も持って帰らない日があると、家のなかに入れてくれなかった。北田はそこでお宮の拝殿で寝たり、田植えの前には田の畦《あぜ》で寝た。暖かい夜なら畦のどこかに三組や四組の男女が寝ていた。北田のように家に居場所がない子どもたちは、よくそれを見にいった。

北田が兄貴分に誘われ、堺の竜神の遊廓へいったのは十四歳の春であった。遊廓に通うには金がいるが、灰買いでは儲からないため、畠に植えてあるスイカ、エンドウ、キュウリ、トマトなどを盗んで八百屋に売る「野荒し」をおぼえた。北田は女郎買いが楽しくてたまらなかった。しかも温かく柔らかい布団に寝られるのはそこだけだった。

昭和十年（一九三五）を過ぎたころから金肥（化学肥料）が流行し、また屎尿がトラックで運ばれるようになると、灰の需要は減ってしまった。十五歳になった北田は灰買いをあきらめ、シデ紐工場に手伝いにいくことにした。

十六歳になると学校から先生が訪ねてきて、「青年学校へこなければいけない」と言った。北田は一人で行きたくなかったので、同じ村の、彼のような悪たれ二人と一緒に三人で出席することにした。三人は始業式のときから、校長や先生をからかって遊んだ。他の連中もつられていたずらするようになり、手のほどこしようがないまま二年あまりすぎたところへ、若い先生が赴任してきた。

若い先生が宿直の晩のこと、授業中にもかかわらず教室の中は蜂の巣をつついたように騒がしかった。授業をしていた校長は真っ赤になって校長室へ引き揚げたが、ついてきた二、三人の生徒が校長の机の上に腰をおろした。若い先生は「机は勉強するもんや、腰掛あるんやろ、腰掛へかけたらどうや」と生徒に向かって言った。それを聞いて椅子にすわり直したのは北田だった。先生は北田に「案外すなおやな、あんまりミエ切らん方がええで、ミエ切らんでもえらいもんはえらいんや、おまえほんまにえらかったらわしかて頭さげる」と言った。さらに先生はいきなりずばりと言った。「おまえ、おなごほしいんやろ、

（略）それでがつがつしてるねんな。（略）竜神いきたいんなら金やるで、じいっと気い静めてきて見いな」。二人きりになると先生は、北田にお茶をついだ。「君ほんとによい話し相手がほしかったんやろなあ。君の気持はたいていわかるよ」。

　若い先生は自分の過去や、教え子のなかに自殺した子のあることなどを話した。そして、若い時期に大勢の仲間から忘れ去られようとするものの、孤独について語った。不幸に育った子どもたちは見捨てられ、忘れられ、一人前として見られることがない。彼らが仲間に意識してもらうには、褒められることより、嫌われるようなことをしたくなる。そうするよりほかには、みんなの意識に自己をのぼらせることはできない。しかしそのように振る舞いながらも、彼らは絶えずさびしいのである。若い先生の言葉は北田の心にしみたようであった。そして問われるままに、経歴を語りだしたのである。

小さな自殺

　若い先生はこの学校に転任する前に、教え子が自殺したという経験をもっていた。その少年は先生が教えた初めての子どものひとりであった。

　宮内というその少年は、恐ろしくませていた。彼もまた母一人の手で育てられた子どもで、母親と男の夜の営みを、女の子に向かって話すということだった。

宮内は小学校を出ると、岸和田の糸屋へ奉公に入った。若い先生はそれからまもなく病気を患い、郷里へ帰って静養することになった。宮内は先生にときおり手紙をよこした。そこにはまじめに勤めていること、朝晩の拭き掃除が辛いこと、勉強がしたいということが書いてあった。先生が大阪に戻り、岸和田に近い村へ赴任すると、最初に訪ねてきたのは宮内だった。「先生ほんまに元気になりはりましてんか」「もう先生に二度とあえへん思うてましてん」と涙を流して再会を喜んだ。宮内はその頃、夜学に通って工業の勉強をし、工場の技師になりたいと思っていた。

それから半年あまり経ち、また宮内が訪ねてきた。田舎にいた母親が岸和田へ出てきて一緒に住むことになったが、ときどきそこに男が来て、泊っていくのだという。白粉《おしろい》をつけ、よい着物を着て男を待っている母親を、宮内は「きたならしくてきらいでたまらない」というので、若い先生は「女は一人ではなかなか生きていけないものだ。（略）お母さんをせめてはいけないよ。困ったときにはいつでもやってきて話していけばいい」となぐさめた。宮内は、風呂敷包みから赤青黄などの美しいくけ糸を取りだし、先生に渡そうとした。売り物の糸をもらうのを遠慮して、宮内を見送った先生は、その後ろ姿に「この子は自殺するのではないかな」と思った。宮内はそれから一週間ほどして、睡眠薬を飲んで自殺した。

レンゲの花が咲くころ、子どもと一緒に野に出て蝶を追っていた北田が、野井戸に落ちて死んだ。子どもに聞くと北田は、「おまえら、ちょっと待っててや」と言って、いきなり下駄を脱ぎ、井戸の中へ飛びこんだのだという。

大人の世界の、男女の性生活を早くに知ってしまうことは、生命の強靭なものはともかく、前途に希望を持てない若者たちは、自らを処すすべを見失うことになる。そのあげくに生命を絶つものが、この野にはきわめて多かった。

逓信講習所の仲間たち

第二章「離郷者のむれ」には、地方出身の秀才たちが描かれる。

貧しい家庭で育ったものの成績がよく、勉強する機会さえあれば相当の地位につけるであろうような村の少年を、小学校の先生たちはなんとか進学させたいと考えた。戦前の日本には、陸軍幼年学校、陸軍士官学校、海軍兵学校、鉄道教習所、逓信講習所など、官費で勉強することができる教育機関があった。このうち陸軍士官学校、海軍兵学校へ進むには中学へ入る必要があったが、ほかの教育機関は、小学校を卒業すれば試験を受けることができた。

大正十二年（一九二三）の四月、瀬戸内海の島から大阪へ出てきた少年が、逓信講習所の試験を受けた。少年は優秀な成績で合格し、丹後峰山出身の立志伝中の教師が担任になった。三十人ほどの同じ組の生徒は田舎者ばかりで、よく似た貧しい農家の出身者だった。彼らのなかには才気ばしったものはひとりもなく、気が弱くて、愚直な少年たちであった。少年たちは寄宿舎で共同生活を送りながら勉強に励んだ。

　島の少年は学課はよくできたものの、技術が苦手だった。同じような仲間が四、五人いて、そのうち二人は退学させられることになった。島の少年は入学のときの成績がよかったので副級長を務めていたが、いつ退学を命じられるかわからず、神経衰弱になった。寄宿舎の近くを通っている城東線では、自殺がよくあった。少年はある朝、汽車が近づいてくるうなりを聞きながら、引きこまれるようにしてレールにあがった。汽車が突進してきたとき、後ろから抱きつかれて引きずりおろされた。気がつくと同じクラスの級長が、少年の腕をしっかりと持っていた。

　少年は少しずつ技術があがり、ようやく卒業にこぎつけた。級長は志望者が多い神戸の三宮郵便局へ配属され、少年は担任教官の計らいにより、大阪市内の比較的閑かな二等局に勤務することとなった。大阪にとどまりたかったのにもかかわらず、田舎の三等局にまわされたものも少なくなかった。彼らはそれぞれの勤め先に別れるとき、これからも行き来しようと約束して、謄写版の雑誌を出すことに決めた。地方の三等局は日給が安いうえ、雑務も多く、各地から苦しみを訴えてきた。

郵便局の金を遣いこんで警察へ引かれたものがいた。血を吐いて郷里に戻り、そこで息を引き取ったものがいた。病弱と貧しさから結婚を反対され、女と心中したものがいた。脚気になり衝心で死んだもの、室戸岬の沖で身投げしたものがいた。年二回出す予定にしていた雑誌の第一号では全員が書いていたが、五号では五、六人になり、その号で廃刊することになった。

級長は、「からだに自信のないものは早くこういう世界からぬけることだ。たれか口火をきらぬか」と言って、島の男をけしかけた。彼はそこで、師範学校の二部を受けることにした。仲間たちはみごとに合格した男に靴や帽子を贈り、制服の交換をしてくれた。

学生生活を始めた島の男は、『戦旗』や『前衛』といった雑誌を読んでみた。そこには彼らの生活にいちばん近いことが書いてあるよう思えたが、その表現の仕方にはなじむことができなかった。そうしたとき男は古本屋で、長塚節の『土』をみつけた。男は百姓の子なので、そこに書かれているすべてがわかるような気がした。あるとき仲間の一人から、社会主義の研究会への誘いがあった。級長もこの動きに賛同し、島の男になるべく多くの本を読み、グループのためになるものを探してほしいと頼んだ。

島の男が和泉の小さな学校に赴任したころ、左翼運動にたいする弾圧を新聞が報じはじめた。まもなくして彼を研究会に誘った男をはじめ、顔見知りが何人も捕えられていった。そのうち講習所を一緒に卒業した仲間のほとんどが、職場から消えてしまった。ただ一人、局の外に出た島の男には、生死の境をさまようような重い病気が待っていた。

和泉の国の「若い先生」、逓信講習所の「島の少年」「島の男」は、とりもなおさずこの文章を書いた宮本常一自身である。宮本は自分の少年時代から青年時代を顧みて、小さな「残酷物語」を綴ったのであった。『日本残酷物語』では「現代篇２」以前にも、フィールド調査で採集した人物史や民俗について書き、収録してきた。しかし、最終巻にいたり、自らを主人公にして、昭和の不幸な若者の姿を描きだしたのである。

測手・自衛官・警官

第二章「離郷者のむれ」のなかの「貧しき立志伝」では、陸地測量部の「測手《そくて》」、九州球磨川のダム建設現場で砂利を運ぶダンプカーの運転手、運転助手などの人生が綴られる。この章ではさらに、「地底の若者たち」と題して、筑豊で働く三人の炭坑夫の話が出てくる。彼らは「渡り坑夫」「地つき坑夫」「出かせぎ坑夫」の代表と呼べるものである。

この巻に登場する若者たちに共通しているのは、彼らの才能の開花が貧困によって蝕まれたこと、戦争が彼らを侵蝕したこと、前途に希望のない労働条件が荒廃した心をつくりだし、彼らがそれと闘おうとしていたことである。

第二章の「制服のなかの魂」では、自衛官と警官の悲哀にも目が向けられる。自衛隊に吸いこまれてゆく農村の若者のほとんどが、三反百姓の次男や三男であった。伊藤博文は「巡査ハ農家ノ次三男ヲ以テ補充スベシ」と訓令したが、これは地方の貧しい農家の次三男は、あらゆる困苦欠乏に耐えることができ、絶対服従の精神を叩きこむのに適した環境に育ったとみられていたからである。

農村を離れて警察社会に入った青年たちは、何年間かは、それを聖職として誇りにみちた生活を続けることができた。しかしなにかにつまずき、自分の周りを振り返ったとき、警察組織の冷ややかさや生活の貧しさに縛りつけられ、身動きができない状態にあることに気づくのであった。自分が社会にたいする権力の行使者であるという意識や蔑視が彼らの支えになるいっぽうで、ほかの社会のものは彼のことを、「犬よ税金泥棒よ」と敵視する。こうして警察官はしだいに孤絶化し、孤独な社会の住人として無気力になり、自己の内部に沈潜していくのである。

新憲法ができたころ若い巡査のなかには、不正や無気力を警察から排除しようとして努力したものがいた。昭和二十三年におこった二つの事件は、若い巡査の正義感が権力の厚い壁にぶつかった例であった。

第二章ではこのほか、「荒野に消える声」と題して日本の大陸政策に翻弄された満蒙開拓青少年義勇軍の人々、「小さき土地をすてて」では独自の世界観にもとづき、ユートピア的共同体をめざした山岸会の活動が取りあげられる。

テロリズムとレッド・パージ

第三章の「海浪のかなたに」では、労働者演劇運動に身を投じた青年や、八丈小島、青ガ島といった離島における青春、また沖縄の戦中戦後の苦悩が詳しく綴られる。

本土の日本人にとっての戦争体験は、直接戦闘を交えたのはおもに軍人で、一般の市民は、空襲や勤労動員、統制物資の生活といった、「銃後」の国民としての戦争経験であった。しかし「沖縄ではふるさとの村里がすさまじい戦場となり、平和な家族たちが砲火のなかにまきこまれた。そして戦場となった村のかたすみで子どもたちは彼らの遊戯をつづけていた」のである。

また第四章「石をもて追わるるごとく」には、大正から昭和にかけて、社会主義運動や無政府主義運動に身を投じた人々が登場する。陸軍大将福田雅太郎の暗殺を企てた「ギロチン社」の面々、テロリスト集団、愛人の朝鮮人朴烈とともに、検挙されのちに獄死した金子ふみ子たちである。

「現代篇2」の最後に登場するのは、占領政策の転換によりレッド・パージで追放された労働者たちの姿である。

この世にかがやかしい夢をもたらそうとする運動が、かえって大きな幻滅をみちびきだすばあいがあるのは当然ともいえる。しかし戦後の挫折といわれているもののなかには、戦前の転向とちがって、自分で方向を転換したわけではないのに、いつのまにか運動からすてられた多くの例がある。この人たちは、忘れられていなければ、現在の社会秩序の波にのみこまれてしまった脱落者とみなされている。

零細企業や地域の片隅に生き、夢の続きを追っている労働者たちの、用心深い、さりげない営みが、地層の深みで日本の運動を支えている。そしてその役割は予想以上に大きいという。ここには『日本残酷物語』全体に通底する、貧しき人々、苛酷な労働を強いられた人々が抱いた、社会変革への淡い期待とその挫折が描かれている。

こうして『日本残酷物語』の最終巻が完結したのは、社会党委員長の浅沼稲次郎が刺殺された三ヶ月半後、池田勇人首相が所得倍増計画を発表したひと月後のことであった。

できる。

読後感と評価

『日本残酷物語』全七巻をとおして読むとき、そこにはさまざまな側面を発見することができる。

無署名に拘ったことにより全体の統一感を出すという谷川の意図は、じゅうぶんに達成されている。つまり第一部『貧しき人々のむれ』から現代篇2『不幸な若者たち』にいたるまで、時代を超えたリアリティをもって読むものに迫る、文体の工夫がなされている。近世に起こった民衆の叛乱暴動と、昭和三十年代に発生した水俣病の被害者の決起までが、いま目の前で起きたことのように描写的に表わされる。それはつまり『日本残酷物語』の叙述が「文学的」だということである。

ノンフィクション文学を思わせるアクチュアリティは、このシリーズの使命であり、意図的なものであった。そこで選ばれた文体は、民俗学や民衆史の専門書・学術書のものではなく、民衆そのものの視線で訴えかけるものであった。さらに「現代篇」では速報性というジャーナリスティックな手段も用いられた。近世、近代の悲惨な出来事が、現在でも生みだされているという連続性、そしてその変わらぬ「残酷さ」の演出が巧みであった、と評価できる。ただし、民俗学的な色合いが「現代篇」では薄らいでしまったのは、致し方ないことだろう。

さらに言えばさまざまな地域、さまざまな階層（民衆や下層民にかぎらず武士なども描いた）を対象にし、たとえば武家の盛衰や成り上りものの生涯を描くことで、劇的なカタルシスが生まれている。

このように大部のシリーズではあるものの、「読み物」としての読み応えとユニークさは、類をみないものであったといえるだろう。

第五章

民衆の手触りを求めて

——民衆史、生活史その後

編集者宮本常一

宮本常一は『日本残酷物語』刊行中の昭和三十五年（一九六〇）七月に、『忘れられた日本人』を刊行した。また同年九月に刊行した『日本の離島』では、日本エッセイスト・クラブ賞を受賞。この本は、離島振興法制定に関与した宮本にとって重要な著作だった。『風土記日本』の刊行準備以来、数年以上におよんだ谷川健一らとの協同作業は、『日本残酷物語』が完結した昭和三十六年（一九六一）にいちど終止符が打たれた。しかし、宮本が二つのシリーズの「編集」作業で得た経験は、彼自身の仕事のなかに活かされていくことになる。

編集者宮本常一として実を結んだ最良の成果は、雑誌『あるくみるきく』の企画編集であろう。昭和四十一年（一九六六）の一月、宮本は近畿日本ツーリストの馬場勇副社長と日本観光文化研究所（以下、観文研と表記）を発足。観光資源の開発、地方文化の保存、観光そのものの究明などを活動目的に掲げた研究所の機関誌として創刊されたのが『あるくみるきく』だった。この雑誌は、昭和四十二年（一九六七）に創刊され、観文研が解散する平成元年（一九八九）の前年、昭和六十三年までに特別号二冊を含む計二百六十五冊が出版された。

観文研は、宮本常一の長男である千晴が嘱託で事務局長となり、所員十数名、地方同人百二十名あまりで活動を開始。研究所への出入りは自由、所員・同人の境界も曖昧なものであった。また執筆原稿の原稿料以外は無報酬で、調査・取材にかんしてはフィルム代と宿泊費、移動費を近畿日本ツーリストが負担した。

『あるくみるきく』は特集形式を取り、編集やデザインも含めて所員や地方同人を中心に毎号担当を替えるというスタイルだった。宮本にとっては、自身が若き日にかかわった、『岩波写真文庫』のイメージがあったとされる。昭和五十年（一九七五）六月発行の通巻第百号の「あるき、み、ききながら考えた一〇〇冊」で、宮本は「このささやかな雑誌は旅の宣伝誌ではない。旅に知性がもっと要請されていいし、もっと自由にあるき、物にふれ物を見、そして静かに考えてみる機会を持ってよいのではないかと思っての試みとしてこの雑誌発刊は計画された」と述べる。さらに、

日本は昭和三〇年頃から急速に資本主義経済が進み、多くの人口がサラリーマン化し、労働者化していく。いわゆる勤め人になっていく。するとそういう人たちは時間にしばられ、仕事にしばられ、考え方にしばられる。つまり枠の中でのみ行動することになり、自由に考えるための立場をすら失ってしまう。そういうことへのいらだち

が鬱積して来る。そしてほとんどの人たちが何らかの自己嫌悪におちいっている。そういうものから救われるためにその束縛からのがれようとする。日本人は旅好きであるというけれど、旅好きにさせられるような社会的環境におかれていることも見のがせない。それだけにその旅も自己をとり戻し、自己を見つめなおすような機会をもつものでありたいと願うのがわれわれの気持である。

宮本は『あるくみるきく』には観光宣伝を目的として書かれた文章を含んでいないという。われわれの仲間がそれぞれの土地を歩いて、そこで何を見て、何を考えたか、それぞれの土地に人はどんなに生きているかを明らかにしようとしたために、「地味であり、いわゆる旅心をそそるものではないかも知れない」と自己評価する。しかしここには、『風土記日本』と『日本残酷物語』によって培われた宮本の思想と方法が、後進の手を借りながら、魅力的に提示されているのである。

その後の谷川健一

谷川健一によると、平凡社が昭和三十六年（一九六一）に刊行を開始した『国民百科事典』は空前のブームを呼びその勢いにのって、下中彌三郎の四男で当時社長だった下中邦彦の発案により月刊誌『太陽』が創刊された。

『太陽』は、日本初の本格的グラフィック月刊誌というふれこみで、旅、美術、趣味、美食を企画の柱に据えたものだった。『風土記日本』や『日本残酷物語』で成功をおさめた谷川に、「『太陽』の編集長をやれ」という話がきて、最初は断ったものの引き受けざるを得なくなったという。しかし所得水準が低い時代に二百九十円の定価は、雑誌としては値段設定が高かった。しかも、大百科事典と同じ横書きであるなど時代を先取りしすぎたため、『太陽』は会社が考えるほど売れなかったという。

谷川は、太陽の編集長を譲ったあと、昭和四十一年（一九六六）に小説『最後の攘夷党』を三一書房から刊行。この作品は第五十五回直木賞の候補となった。そして翌年十一月に平凡社を退社し、その後は民俗学者として執筆活動を開始し、数多くの著作を世に送りこんだ。

編集者から民俗学者となった谷川は、研究調査・執筆活動のいっぽうで、日本の民俗や民衆史にかかわる多くのシリーズの監修者や編者を務めた。

昭和四十三年（一九六八）から四十四年にかけて学藝書林から刊行された『ドキュメント日本人』は、谷川と哲学者で大衆文化研究者の鶴見俊輔、評論家・小説家・歌人の村上一郎と谷川が責任編集となり全十巻が刊行された。三人はそれぞれ、谷川が第七巻『無告の民』、鶴見が第九巻『虚人列伝』、村上が第四巻『支配者とその影』を編集し、解説を執筆。ほかの巻ではいいだもも、高橋和巳、桶谷秀昭、黒田喜夫《きお》、紀田順一郎、作田啓一、内村剛介が編集解説を担当するなど、意欲的で個性的なシリーズだった。また内容や主題設定の面でも『日本残酷物語』と重なる部分が大きかったが、「七〇年安保改定」を目前に、全共闘運動が最も活発であった時代背景から、政治的メッセージが濃いものだった。なお谷川は同じ時期に、『日本残酷物語』の派生企画というべき『女性残酷物語』(全二巻、大和書房、一九六八年)も編集した。

『日本庶民生活史料集成』(全三十巻別巻一、一九六八〜八四年、三一書房)では編集委員代表を務め、第一巻から第三巻までの「探検・紀行・地誌」篇、第十巻の「農山漁民生活」篇を宮本常一と共同で編集。三一書房では平成元年(一九八九)から十年にも全二十四巻の『日本民俗文化資料集成』を編集した。さらに小学館からは、『日本民俗文化大系』(全十四巻別巻一、一九八三〜八七年)や網野善彦、大林太良《たりよう》、宮田登、森浩一との共同編集による『海と列島文化』(全十巻別巻、一九九〇〜九三年)を世に送りだす。最晩年の仕事である大和岩雄《おおわいわお》との共編『民衆史の遺産』(大和書房)は、タイトルが示すとおり、谷川の集大成ともいえる企画だった。こうして『風土記日本』『日本残酷物語』の編集者は、学際的で大規模な叢書の要の役割を果たしていったのである。

民俗学者としての谷川健一は、古代史・古代神話と民俗を重ねあわせながら日本文化を読みといていくスタイルで、独自の学問と方法を編みだした。「南島論」においてはたとえば、柳田国男と折口信夫を批判的に取りいれながら、独創的な死生観、霊魂観解釈を展開した。谷川が最も思い入れをもって打ちこんだ仕事は、地名の研究であった。民俗学、神話学、古代史学など知見とフィールドワークの蓄積をもとに、谷川は「地名」の持つ重要性を説く。

各地のさまざまな呼称をもつ小集落名は、数戸から数十戸単位の集落がかつての日本の社会の基底を形成していたことをまざまざと物語っている。それが日本列島の端から端まで隙間ないほど埋め尽くしている。それは「日本は何と広く、何と深い国だろう」という詠嘆をこめた感慨を導くに充分である。地名はこのように「いと小さきもの」であるが、一方、それは大きな世界とつながっている。ここに地名の逆説があり、それこそが地名の最大の魅力である。

（『日本の地名』岩波書店、一九九七年）

谷川は地名の改竄《かいざん》は歴史の改竄につながると指摘する。それは地名を通じて培われてきた日本人の共同感情を抹殺するものであり、日本の伝統に対する挑戦であるという。

昭和三十七年（一九六二）に自治省が「住居表示に関する法律」を公布施行して、地名改変を許容し、奨励。この法律に基づき地名の改悪が急激に始まった。谷川は、その旗振り役となった自治省を「民族の敵」と呼び、それに抵抗する全国組織として、一九七八年（昭和五十三）に「地名を守る会」を結成した。その三年後には、川崎市に「日本地名研究所」を設立。谷川を中心とした人々は、地名が日本人の自己確認（アイデンティティ）に欠くことのできないものだという認識から、その保存と研究に努力した。

網野善彦による評価

網野善彦は、昭和五十三年（一九七八）に刊行した平凡社選書『無縁・公界・楽——日本中世の自由と平和』、岩波新書『日本中世の民衆像——平民と職人』（一九八〇年）などの著作で注目を浴びる存在だった。そんな網野が昭和五十九年（一九八四）に、宮本常一の代表作と目されることになる、『忘れられた日本人』の岩波文庫版解説を執筆した（一九八四年）。このなかで網野は、歴史学者の立場から民俗学者宮本常一を次のように評価する。

歴史学は、歴史を対象化して科学的に分析・探究する「歴史科学」と、その上に立って、歴史の流れを生き生きと叙述する「歴史叙述」により、その使命を果たすことができる。民俗学も同じように、民俗資料を広く蒐集し分析を加える「科学的手法」と、それを踏まえつつ、庶民の生活を描きだす「民俗誌」「生活誌」の叙述との総合によって、学問としての完成に達する。しかし宮本のように、「この二つの能力を兼ねそなえる民俗学者はきわめて稀であろう」と網野は評価する。

宮本は前者についても全くの不得手というわけではないが、間違いなく後者においてて卓越した力量を持つ民俗学者であった。その力量が最高度に発揮されて結晶したのが本書であり、日本の庶民は自らの中から、このようにすぐれた伝承者、民俗学者を生み出したことを、十分に誇ることができる。

網野はさらに、宮本常一が死の三年前、昭和五十三年（一九七八）に『民俗学の旅』の結び近くに記した、次のような述懐に目を向ける。

　私は長い間歩きつづけてきた。そして多くの人にあい、多くのものを見て来た。（略）その長い道程の中で考えつづけた一つは、いったい進歩というのは何であろうか。発展というのは何であろうかということであった。すべてが進歩しているのであろうか。（略）進歩に対する迷信が退歩しつつあるものをも進歩と誤解し、時にはそれが人間だけでなく生きとし生けるものを絶滅にさえ向わしめつつあるのではないかと思うことがある。（中略）進歩のかげに退歩しつつあるものを見定めてゆくことこそ、今われわれに課せられている、もっとも重要な課題ではないかと思う。

宮本が抱いた疑念と問題意識を、網野は、「われわれ、現代の人間につきつけられた課題そのものといってよい」という。しかし、宮本がその解決をみることなくこの世を去ったことを網野は惜しむ。『忘れられた日本人』に描かれたような「無字社会」は、日本ではいまや極小の状態になりつつあるものの、「忘れられた日本人」「忘れられた人間」は、現代にも、歴史のなかにも、きわめて多いと網野は指摘する。さらに網野は、私たちは宮本以上の力でその「伝承者」となり、その存在を世に問いつづけていかなくてはなるまいという。こういった評価は、『日本残酷物語』ではなく『忘れられた日本人』について述べられたものだが、「無字社会」「忘れられた人間」の「伝承者」というのは、民衆や歴史の叙述者としての宮本常一にたいして歴史学者網野善彦の立場からする、最大級の讃辞であった。

松谷みよ子『現代民話考』

宮本の『忘れられた日本人』が最初、木下順二らがつくった「民話の会」が発行する雑誌『民話』に「年よりたち」と題して連載されたことはすでに述べた。こういった木下らによる「現代民話」の動きに触発された人物がいた。『龍の子太郎』『ちいさいモモちゃん』『ふたりのイーダ』などで児童文学に新しい地平を拓いた松谷みよ子である。松谷は昭和二十七年（一九五二）、彼女がまだ二十代半ばだったころに読んだ木下順二の論文に「いたく衝撃を受けた」という。

事実、まだはっきりと形は成さないながら、「現代の民話」の種が僕たちの社会の中に生れて来つつあることは疑いない。その種は、突飛なようだがあるいは「税金」であるかも知れない。「再軍備問題」であるかも知れない。「菅《かん》証人事件」であるかもしれない。僕は僕なりに戯曲を書く人間としての立場から、これらテーマの素材とも言うべきもの――それらは確かに複雑であり巨大であり強烈である――を、現代という決定的な瞬間において生々しく定着させたいと思う。それは僕たちが僕たちの祖先の遺産を継承し、そこから新たな伝説をつくり出して行くためにどうしても必要なことなのだ。

（「民話管見」一九五二年）

松谷は岩波書店の『文学』に掲載されたこの文章に感動し、「民話というと、どこか今まで古くさいものと考えていた自分がかえりみられた」という。その後あるとき、木下とともに民話の会をつくった吉沢和夫が、「現代の民話に必要なのは普遍性です」と言ったことを聞いて、民話を集めるには〝連れ〟が必要であることを痛感した。

昭和五十三年（一九七八）に松谷が所属する「日本民話の会（当時は「民話の研究会」）が、『民話の手帖』という雑誌を発刊することになり、その創刊号に「現代民話考・上下二つの口」を掲載。投げこみ葉書で読者に、次号のための投稿を募った。

松谷は昭和六十年から『現代民話考』の刊行を開始。立風書房から出版されたこのシリーズは全十二巻におよび平成八年（一九九六）に完結した。全巻の書目を挙げると、このシリーズの現代性がすぐ理解できるだろう。『1 河童・天狗・神隠し』『2 軍隊・徴兵検査・新兵のころ』『3 偽汽車・船・自動車の笑いと怪談』『4 夢の知らせ・火の玉・ぬけ出した魂』『5 死の知らせ・あの世へ行った話』『6 銃後・思想弾圧・空襲・沖縄戦』『7 学校・笑いと怪談・学童疎開』『8 ラジオ・テレビ局の笑いと怪談』『9 木霊・蛇・木の精霊・戦争と木』『10狼・山犬・猫』『11狸・むじな』『12写真の怪・文明開化』。

松谷は「民話」という枠組みを用いて、現代の民衆の形をとどめることのない情念や心性を記録しようとしたのである。

『現代民話考』のカバー裏には木下順二、色川大吉、野村純一の三人が推薦の辞を寄せた。そのなかで民俗学者・文化人類学者・国文学者の野村純一は次のように記した。

『現代民話考』全十二冊は、『昭和版今昔物語集』の、しかも「本朝世俗部」である。仮りにいま、それぞれの話に「今ハ昔」を冠し、その末尾を「トナム語リ伝ヘタルトヤ」で括れば、これはすでに独立した現代の説話集である。収める例のひとつひとつは、愛別離苦、いかに人間味に溢れ、それでいて怪異、不思議である。信じ難い。巷間、なおこの種の話がこれ程多く伝えられていたとは、正直、意外ですらあった。顧みてかつての日、柳田国男はこれらの話をして『遠野物語』の序文の中に「願はくは之を語りて平地人を戦慄せしめよ」とし、続けてまた「要するに此書は現在の事実なり」とも記した。数えてそれから七十余年、私共はここに「現在の事実」に遭遇して「戦慄」しなければなるまい。

野村の推薦文がよく語っているように、『現代民話考』は『日本残酷物語』では描かれなかった、「心のなかの残酷」をつなぎとめようとしたものであった。

宮本常一と「転向」

宮本常一は『日本残酷物語』が第二部まで刊行されていた昭和三十五年(一九六〇)二月十三日の日記に、次のように記している。「寺門君この間の『民話』の座談会の速記をもって来る。よんで見るとおもしろい。このままのせていいのではないかと思う。訂正してしまうと6時になる。藤田省三が私の事を『転向』へかくという。/いらぬことだとはなしておく。保守で俗物の私など論ずる必要はない。つまらぬことを書かれて変に位置づけられるのが一ばん困る」。文中の「『民話』の座談会」というのは、本書の第一章で詳しくふれた岡本太郎、深沢七郎との「残酷ということ」鼎談のことである。座談会の内容に満足した宮本は続けて、政治学者の藤田省三が思想的転向をテーマとした本のなかに、自分を取りあげるらしいということに不満をもらす。

藤田省三は戦後政治学の巨頭丸山真男の門下で、『天皇制国家の支配原理』などの著作で知られる。藤田が思想の科学研究会編『共同研究　転向』(平凡社)の中巻『戦中篇』の第一章「昭和十五年を中心とする転向の状況」で批判的に読みといたのは、宮本が書いた

『村里を行く』についてであった。

『村里を行く』は、宮本が大阪府泉北郡取石尋常小学校（現・高石市立取石小学校）の教員を退職し、アチック・ミューゼアムに参加しておこなった日本各地の民俗調査をまとめたものである。

昭和三十六年（一九六一）刊行の『新編 村里を行く』の追記「再刊のいきさつ」によると、この本が最初に刊行されたのは昭和十八年（一九四三）十二月二十日のことであった。三国書房の「女性叢書」の一冊として出たもので、「この叢書は戦争のはげしいさなかに出たものであるけれども、ほとんど戦争のにおいのしない、じっと生活を見つめたおちつきのあるもので、読む者の心に何かをのこすものをもっていた」。しかし、『村里を行く』は少し違った。「私のものだけは少し気おいたっていて、軍国調も出ていたので、戦後この叢書がジープ社で再刊せられたとき、私のものだけは出なかった」。

宮本は、藤田省三の批判から十数年経過した昭和五十二年（一九七七）に刊行した『宮本常一著作集25 村里を行く』の「あとがき」で、当時のことを次のように回顧する。

……（『村里を行く』は）太平洋戦争も終わりに近付きつつあった頃に出た本で紙も装釘も粗末で、やがては消えていく書物の一冊かと思っていたところ、昭和三五年二月刊行の『転向』中巻（平凡社）で藤田省三が「保守主義的翼賛理論——長谷川如是閑と宮本常一」と題した項目の中にこの書物を取りあげ、この書物が翼賛運動と結びつくものとして見ている。しかし単純にそうきめつけたのではなく、「宮本の原理は、『親切な人々』との直接的な話し合いの機会を各地方に作ってゆくものだから、いわば小サークルの核を全国に植えてゆくやり方なのである。こうした小サークルの連合体こそがあるべき社会像だと考えて、巡回サークル作りの目標を単なる発掘と記録にではなく、伝統の保持拡大に置き換えると、そこには伝統保守主義の立場からする抵抗運動が生まれる。これは日本主義である点で翼賛体制とつながりながら、実質的には総力戦体制を不可能にしてゆくこともできる。また、この組織原理を進歩的革命運動が援用することもできる。その場合には伝統の中に根拠地をもって一歩一歩運動を拡大してゆく型の進歩的革命主義が成立するだろう。そういう意味で宮本常一のタイプの思想は汲み出して意識的に活用すべき多くの材料を包み備えている」とのべている。『転向』という書物は戦前・戦中・戦後において日本の知識人といわれる人びとの思想と行動がどのように変化変節していったかをとらえて論じたもので、当時大きな反響を呼んだ。私など思想家といわれるような者ではなく、民衆の生活をできるだけ忠実に見きわめようとしての旅をつづけていたにすぎなかったから、むしろ「こういう風にみられるものか」と感心し、また若干反論したい気持もあったが、考えてみると反論などというのはもってのほかで、人それぞれの見方があり、相手が自分とおなじように見たり考えたりするように強いることこそ間違っている。むしろこのように見て下さる人があるということを通して、これからの執筆活動にあたっても、できるだけ人びとの誤解を生まないよう配慮する努力をしなければならないと思った。私のような人間は往々にして独り合点して物を言う場合が多い。

『村里を行く』は、「藤田さんのこの論評のおかげで、本書を読んでみようと希望する人が何人もあって」再版されることになったという。そうして刊行されたのが『新編』であった。

昭和三十五年（一九六〇）の日記で宮本は、「保守で俗物の私など論ずる必要はない。つまらぬことを書かれて変に位置づけられるのが一ばん困る」と記しているように、藤田の批判に明らかにいらいらとし、静かに怒っている。それから十数年の時間を経過しても、長文の引用が示すように、まだどこかで根にもっている。しかし、「私など思想家といわれるような者ではなく、民衆の生活をできるだけ忠実に見きわめようとしての旅をつづけていたにすぎなかった」という矜持は、『新編』（一九六一年）と『著作集25』（一九七七年）

のあいだに、より確固たるものとなっていたはずだ。そこには、藤田による批判文が世に出た当時、まだ刊行中だった『日本残酷物語』の「現代篇」や、その後に次々と刊行していった「宮本民衆史」の手応えがあったからにほかならない。

民俗学と民衆史

宮本常一の仕事のなかで、宮本単独の著作である『日本民衆史』と、複数の著者による『日本の民俗』は、『風土記日本』と『日本残酷物語』の問題関心を発展させたシリーズとして、改めて評価すべきであろう。

未来社から刊行された双書『日本民衆史』の第一期全十二巻の書目は、初回配本『甘藷の歴史』(一九六二年十月十三日発行)には次のように予告されていた。一『開拓の歴史』、二『山に生きる人びと』、三『海に生きる人びと』、四『村のなりたち』、五『町のなりたち』、六『生業の歴史』、七『甘藷《かんしょ》の歴史』、八『旅と行商』、九『すまいの歴史』、十『生活の知恵』、十一『生産の歴史』、十二『労働の歴史』。

第七巻『甘藷の歴史』で刊行を開始した『日本民衆史』は、第二回に第一巻『開拓の歴史』を配本し、それ以後は巻数順に出版されていった。しかし昭和四十三年(一九六八)年二月の第五巻『町のなりたち』の刊行で中絶、第六巻の『生業の歴史』と第八巻以降は宮本の生前には刊行されなかった。

宮本の死後、田村善次郎は叢書『日本の民俗』（全十一巻、河出書房新社、一九六四～六五年）の第三巻『生業の推移』を、『日本民衆史』の第六巻『生業の歴史』として、平成五年（一九九三）九月に刊行した。田村はこの本の解説「『生業の歴史』を『日本民衆史』に加えるにあたって」で、『生業の歴史』をのぞく既刊六冊は、第三巻『海に生きる人びと』までの四冊はほぼ定期的に出版されているが、第四巻『村のなりたち』（一九六六年九月二十二日）と、第五巻『町のなりたち』（一九六八年二月十三日）は間隔があいていることを指摘する。

その事情について田村は、宮本が『村のなりたち』の「あとがき」に、「本書は二年前に筆をおこしながら、その後いろいろの障碍のためにやっと昭和四一年六月一一日に稿了した」と書いていることに注意を促す。さらに、『甘藷の歴史』が刊行され、その巻末に付された『日本民衆史』第一期一二巻の構想を拝見した時、『風土記日本』（全七巻平凡社）や『日本残酷物語』（全七巻平凡社）などの仕事を通して、ご自身の持たれた全体像に確実な手応えを感じた先生が、早くから持っておられた夢の実現に着手されたのだという感を深くしたのであった」（田村「『生業の歴史』を『日本民衆史』に加えるにあたって」）と田村は述べる。

『日本民衆史』はたしかに、宮本にとって『風土記日本』と『日本残酷物語』で追いもとめた日本の民衆の歴史を、自分ひとりの力でさらに掘りさげようとしたものだった。こういった持続的な問題意識は、第七巻にもかかわらず最初に刊行された、『甘藷の歴史』の「はしがき」からもうかがえる。

私は民衆の歴史について書いてみたいと思っている。しかしキチンとした体系あるものを書くにはまだ準備ができていないから、資料のやや集まったものから書いていきたい。いやむしろ完成したものを書く力がない。不完全なものであってもこうして書いておけば誰かが問題を展開させてくれるだろうと思うので、できるだけ興深いものにして多くの人びとの目にふれるようにしておけば、やがてこのことに注目してくれる人もふえるだろうし、資料も集まってきて、体系のたったものができるものではないかと思う。私は自分の研究の合間にこうしたものを二〇冊ほど書いてみたい希望を持っている。

そうして宮本は、その手はじめに『甘藷の歴史』を書いてみたという。

甘藷（サツマイモ）の日本への伝来は、近世初期のことだが記録は少なく、栽培面積も全耕地面積の二十分の一足らずで、農業史に占める部分もごくわずかだった。しかし宮本は、甘藷が土地の乏しいところや、急傾斜地に住む人々の生活を変えていった力は大きかったという。「愛媛県豊後水道の山が海にせまって急傾斜をなした屈曲の多い海岸の段々畑を見た人びとは一様におどろく。人間の勤勉の極限の世界を見る思いである。みなイモをつくるためにひらいたのである」。

いっぽう『生業の推移』を収めた『日本の民俗』は、昭和三十九年（一九六四）六月から四十年九月にかけて刊行された。このシリーズに宮本は、第三巻『生業の推移』と第一巻『民俗のふるさと』（一九六四年七月）、池田弥三郎、和歌森太郎と共編した第十一巻『民俗学のすすめ』（一九六五年六月）に「常民文化研究のオルガナイザー・渋沢敬三」「旅行のうちに」「民衆の歴史を求めて」を執筆。全十一巻の書目と著者はこのほか、二『日本人の衣食住』（瀬川清子）、四『人間の交流』（桜井徳太郎・北見俊夫）、五『人生の歴史』（牧田茂）、六『女の一生』（和歌森太郎）、七『季節のまつり』（今野圓輔）、八『民族の芸能』（三隅治雄）、九『ことばの文化』（池田弥三郎）、十『庶民の精神史』（和歌森太郎）というものであった。『日本の民俗』が企画され、刊行された時期は、宮本が『日本民衆史』の執筆を積極的に進めていた時期と重なっていることは、田村善次郎が前掲の解説で指摘しているとおりである。

『遠野物語』と『日本残酷物語』

『日本残酷物語』というシリーズタイトルが、ヴィリエ・ド・リラダンの『残酷物語』をもとにしたものであることは、谷川健一の証言からすでに紹介した。しかし、宮本と谷川はこの「物語」について、柳田国男の『遠野物語』を意識していたということはなかっただろうか。

谷川らとともに『日本残酷物語』を編集した小林祥一郎は、柳田国男はこのタイトルを、「衒《てら》いを感じるといって、あまり好感をもってないようであった」という。さらに、第一部の序文で『山の人生』が引用されたことについても、その使い方に違和感をおぼえていたようである。「わたしたちがいう「残酷」とは、特殊な事件や怪奇な現象ではなく、人びとが生きていくための普遍的な残酷さ、その現実の姿を提示することだった。しかし、そのまぎらわしさが、柳田さんの目には、あざとく見えたのであろう」(小林祥一郎『死ぬまで編集者気分』)。

宮本常一にとって柳田国男の『遠野物語』は、次のような思い出とともにある本だった(「一冊の本3 遠野物語」朝日新聞東京本社学芸部・雪華社、一九六六年)。

『遠野物語』に宮本が初めて接したのは、昭和九年(一九三四)、大阪在住の医師で郷土史家の沢田四郎作の書斎でのことだった。宮本は農民が日常的に用いている粗野と思われるような言葉も、大きな粉飾を加えることなく整理し記録すると、味わい深いものになるものだと心ひそかに驚いた。

それまで伝説など美文調で書かれたものは多かった。しかしそういうものに心をひかれたことは少なかった。が『遠野物語』は先生の筆力の故か、農民の言葉の中にわれわれをひきつけるものがあるのか、実はその両方であったわけだが、私はこの書物をよんで、口頭伝承の記録整理の仕方を教えられたのである。昭和十年、この書物は増補して再刊され、容易に手にすることができ、以降この書物を手本にして私の民俗学の聞取りはすすめられていく。

この本を読んだ人はまるで、「聖地巡拝」のように遠野を訪れた。

宮本常一も、「昨年八月の末自分は遠野郷に遊びたり。花巻より十余里の路上には町場三ヶ所あり。其他は唯青き山と原野なり」で始まる序文に惹かれて、昭和十五年（一九四〇）の年の瀬に遠野を訪ねた。街なかに宿をとり、遠野平を歩きまわって、早池峰山の麓にも泊った。宮本は、この物語が書かれた明治四十三年（一九一〇）ごろと比べても、そんなに変化がないことに深い感慨を覚えた。遠野の民間伝承を柳田に語った佐々木喜善は、このときすでに亡くなっていた。佐々木家の大きな家の軒下では、老婆がひとりで菰《こも》を編んでいた。

宮本が訪れた家々の囲炉裏端の人たち、道づれになった老婆は、『遠野物語』の不思議な話を、真実なものとしてまだ信じて疑わなかった。「このごろオシラサマが方々でいなくなるという話をきくが、きっと戦争へ味方をたすけにいっているのであろう」。二斗入りの稗《ひえ》の俵を背負い、それを塩と替えるため遠野の町へゆく老婆はそんなふうに話した。オシラサマは「よく飛ぶ神様」だと信じられていたのだが、日本は戦争に勝つことができなかった。

昭和二十年の夏であった。私の家は戦災で焼けた。無数の焼夷《しょうい》弾がふりそそいで来たが、何とかして消しとめたいと思って努力した。しかしついにおよばなかった。猛火が家を包んだ。家の外から見ると、もう書架へ火がついていた。私はとっさに家の中へかけこんで、そのもえている書架の中から一冊をぬきだした。『遠野物語』であった。他は何も彼も焼いてしまった。そして書物は三日間くすぶりもえつづけた。私は焼けあとで『遠野物語』をよんだ。いかにも素朴であった。そして焼けたことさえがなかばおとぎ話のように思えた。と同時に遠野はどうなっているだろうか、あそこにはいつまでも平和があってほしいものだと、ふと思った。昨年遠野をおとずれて、見ちがえるようにかわっている町をあるいた。新しい時代がここにもはじまりつつある。しかし、私は『遠野物語』によって民俗学の世界にふみ入り、『遠野物語』によってどうやら今日までこの学問を捨てないで来たのである。

宮本常一が、空襲で燃えさかる自宅からただ一冊持って出た本は、柳田国男の『遠野物語』だった。そして、焼け跡で読んだ『遠野物語』は、「いかにも素朴で」「焼けたことさえがなかばおとぎ話のように思え」るものだった。宮本にとって「戦後」の出発点は、間違いなくこの本だった。しかし宮本は『遠野物語』のような「おとぎ話」ではない、民衆の手触り、肌触りを伝える「物語」を描いていくことを、彼の民俗学の課題としたのであった。

宮本常一の残酷物語

谷川健一は柳田国男の『桃太郎の誕生』を読んで、民俗学の道を進んでいこうという決心がついた。そして、宮本常一も柳田から多大な影響を受けて民俗学の道を進んだ。しかし二人とも、柳田の民俗学を超えることを目標に、『日本残酷物語』を企画し編集し、執筆した。

『日本残酷物語』が、それまでの民俗誌や民衆史と決定的に異なるのは、宮本常一の私的な体験と視線が導入され、全体に大きな影を落としていることだろう。

本書の第四章で取りあげたように、『日本残酷物語』の最終巻『不幸な若者たち』には、宮本の「自伝」が、やや唐突ともいえる形で収録されている。一人称をとらない「物語」ではあるものの、このシリーズの編集執筆の中心人物の青春が、いかに「残酷」なものであったかという証である。「和泉の国の青春」と「逓信講習所」に記録された少年たち、青年たちの「残酷」は、あまりにも慎ましやかなものであった。しかし、宮本が自分史をとおして描いた小さな残酷は、「おとぎ話」でも、たんなる記録や告発でもなかった。それは消え入りそうなくらい微かな、民衆生活のリアリティの断片だった。そしてそのリアリティは、宮本ならではの「残酷観」に裏打ちされていたのである。

……東北の方へまいりますと、人が死んだりなんかしましょう。そのときのアイサツに「残酷でござんした」とか「残酷でございました」とかいうように、いい、つかっているんです。例えば、「おきのどくでございました」というようなのと同じような意味ですね。(中略) それがどういう意味で使われているかというと、自分の意思ではないのにそうなっていったというような場合に使っているんです。そしてわたしはそのことばには非常に愛着を持っているんです。

『日本残酷物語』創刊直後におこなわれた座談会「残酷ということ」で、宮本常一はこのように述べていた。「残酷」という言葉にたいする愛着、登場人物にたいする深い愛情によって紡がれた、『日本残酷物語』を超える民衆史、生活史は、半世紀後の今日までまだ現われていない。

あとがき

宮本常一の晩年の仕事にシリーズ『旅人たちの歴史』がある。

昭和四十九年（一九七四）の秋頃から五十四年の春まで、日本観光文化研究所（現・旅の文化研究所）の活動の一環として、幕末から明治にかけての紀行文を宮本が講読し、それをとおして民衆社会の世相史を調べていくことになった。取りあげられた紀行文は、曾良『奥の細道随行日記』、『菅江真澄遊覧記』、野田泉光院『日本九峯修行日記』、古川古松軒『東遊雑記』、菱屋平七『筑紫紀行』、河井継之助『塵壺』、清河八郎『西遊草』、エンゲルベルト・ケンペル『江戸参府旅行日記』、フィリップ・フランツ・フォン・シーボルト『江戸参府紀行』、イザベラ・バード『日本奥地紀行』、エドワード・S・モース『日本その日その日』などであった。

このうち、『日本九峯修行日記』『菅江真澄遊覧記』『東遊雑記』『日本奥地紀行』を中心とした語りが、『旅人たちの歴史1 野田泉光院』（一九八〇年三月）、『旅人たちの歴史2 菅江真澄』（一九八〇年十月）、『旅人たちの歴史3　古川古松軒　イサベラ・バード』（一九八四年十月）として未来社から刊行された。宮本は昭和五十六年（一九八一）一月三十日に亡くなっているので、前の二冊は死の前年、三冊目は死後三年以上を経過して出版されたことになる。

研究所の気のおけない仲間、意欲的な若者たちを前にした宮本の饒舌は、「旅する民俗学者」が最後に至った境地を感じさせてくれる。「書くことが鈍って来たら、こういうように話したことまでいちいち文字にする人たちが出て来るようになってうかつなことが少々言えなくなったような気がする。文中に「非常に」とか「大変」ということばが多い。大分消したのだがそれでも残る。これは昔からの私の話ぐせで読んだり見たりして大変感心すると、その印象がいつまでも消えない。そうしてこういうことばが出て来る。一人で面白がっていることが多いのである」（『旅人たちの歴史2　菅江真澄』「あとがき」）。この「あとがき」はおそらく、死の数ヶ月前に書かれたものだろう。宮本の旅の話、旅人の話を聞いてみたかったものである。

ところで『『日本残酷物語』を読む』の「あとがき」に、なぜ『旅人たちの歴史』を紹介するかというと、このシリーズは宮本の到達点であるとともに、『日本残酷物語』を補完し、また相対化するものだと思うからである。このシリーズにも「残酷」な話はいくつも出てくる。しかしそのいっぽうで、「残酷」が藩ごとに違ったこと、また旅の往来が私たちが思う以上に活発で、旅人同士の信頼にもとづき長い距離を手紙が伝えられた逸話などが綴られる。そのなかで私が「非常に」「大変」感心したエピソードは、近世日本の「難民」にかんする話である。

これは少し歴史が後の話になり、天保の飢饉の時のことだったと思いますが、それに遭遇した人の話を、私は宮城県で聞いたことがあるんです。ずっと北の今の青森県辺りの人がまず生活に困って、それが南へ南へ移動していきます。だいたい北上川の今の盛岡の辺りまで来るというと、もうその先へ行けなくなってその辺りへ落ち着くのです。ところがその辺りの状態はどうであったかというと、その辺りの人たちも食えないで、やっぱり南へ南へ移動していってるんです。すると、そこに家も何もそのまま残ってるんです。だからその家の中に入って住む、ちょうど宿借りと同じなんです。すると、そこにおった人はというとさらに南へ移動してるんです。そして南部藩から仙台藩へ入るんです。仙台藩の人たちはまた南へ移動してるんです。空っぽの中へ順に入っていく。そういう移動がみられたんです。そして最終的には関東平野へなだれを打って入っている。関東平野の人たちはもう動いていないんだから、乞食にならざるを得ない。若い者であると、そこで下男やなんかとしてどこかへ入り込んで暮らしをたてた。それが実状だったんです。ちょっと今の皆さんには考えもつかない状態だったんです。これ、日本海側はどうだったのかというと、詳しいことはいっさいわからないのだが、同じような地逃げというものが、真澄のこれをみるとあったわけです。

(『旅人たちの歴史2 菅江真澄』)

これを読むと宮本が『日本残酷物語』で取りくんだ問題意識をずっと持ちつづけていたことがわかる。しかも『旅人たちの歴史』は宮本独特の話し言葉による記述であるため、近世日本の難民、棄民《きみん》の姿が、リアリティをもって伝わってくる。さらにいえば在所を棄てて移動していった人々の、故郷にたいするアイデンティティがどうなったのかを考えさせられる。土地への愛着と執着、否応ない避難や移住といったものに、どう折り合いをつけて民衆は生きてきたのか。同じような問題は、現在も突きつけられているけれど、宮本が生きていたらどんな感想を抱いたかを聞いてみたいものである。

私事を少しばかり述べておくと、私は谷川健一が初代の編集長を務めた『月刊太陽』の編集部に、数年間、籍をおいていたことがある。しかし谷川氏とは生前に会う機会がなく、もちろん宮本常一とも会ったことがない。そんな私がこんな本を書くことになったのはなにかの縁かもしれない。

最後に、この本は平凡社新書編集部の金澤智之氏のあたたかい励ましにより完成した。金澤さん、ありがとうございました。

二〇一五年四月

畑中章宏

参考・引用文献一覧

宮本常一・山本周五郎・楫西光速・山代巴編『日本残酷物語』（全七巻）平凡社、一九五九〜六一年、平凡社ライブラリー版［全五巻］一九九五年
平凡社編『風土記日本』（全七巻）平凡社、一九五七〜五八年

*

宮本常一『海をひらいた人びと』筑摩書房、一九五五年
宮本常一『民俗民芸双書6 民俗学への道』岩崎書店、一九五五年
宮本常一『新編 村里を行く』未来社、一九六一年
宮本常一『日本民衆史7 甘藷の歴史』未来社、一九六二年
『宮本常一著作集1 民俗学への道』未来社、一九六八年
『宮本常一著作集8 日本の子供たち・海をひらいた人びと』未来社、一九六九年
宮本常一・池田弥三郎・和歌森太郎編『日本の民俗11 民俗学のすすめ』河出書房新社、一九六五年
『宮本常一著作集25 村里を行く』一九七七年
宮本常一『民俗学の旅』文藝春秋、一九七八年
宮本常一『旅人たちの歴史2 菅江真澄』未来社、一九八〇年
宮本常一『忘れられた日本人』岩波文庫、一九八四年

宮本常一『日本民衆史6 生業の歴史』未来社、一九九三年
宮本常一『民俗学の旅』講談社学術文庫、一九九三年
『宮本常一 写真・日記集成』（全二巻・別巻一）毎日新聞社、二〇〇五年
宮本常一『なつかしい話——歴史と風土の民俗学』河出書房新社、二〇〇七年
宮本常一『和泉の国の青春』八坂書房、二〇一〇年
宮本常一著・田村善次郎編『宮本常一の本棚』八坂書房、二〇一四年
宮本常一著・田村善次郎編『宮本常一講演選集5 旅と観光——移動する民衆』農山漁村文化協会、二〇一四年

＊

網野善彦『『忘れられた日本人』を読む』岩波書店、二〇〇三年
石川直樹・須藤功・赤城耕一・畑中章宏『宮本常一と写真』平凡社、二〇一四年
『石牟礼道子全集 不知火 第二巻』藤原書店、二〇〇四年
『石牟礼道子全集 不知火 別巻』藤原書店、二〇一四年
大江修編『魂の民俗学——谷川健一の思想』冨山房インターナショナル、二〇〇六年
岡本太郎『忘れられた日本——沖縄文化論』中央公論社、一九六一年
賀川豊彦全集刊行委員会編『賀川豊彦全集8』キリスト新聞社、一九六二年
賀川豊彦全集刊行委員会編『賀川豊彦全集14』キリスト新聞社、一九六四年
川崎市岡本太郎美術館編『記憶の島——岡本太郎と宮本常一が撮った日本』川崎市岡本太郎美術館、二〇一二年

紀田順一郎『東京の下層社会』ちくま学芸文庫、二〇〇〇年
椥沢健編『アンソロジー・プロレタリア文学1 貧困 飢える人びと』森話社、二〇一三年
児玉惇『井戸の下の国のうた――児玉惇遺稿集』芳林社、一九八〇年
小林祥一郎『死ぬまで編集者気分――新日本文学会・平凡社・マイクロソフト』新宿書房、二〇一二年
小林多喜二『蟹工船・党生活者』新潮文庫、一九五四年
今和次郎編纂『新版大東京案内』（全二巻）ちくま学芸文庫、二〇〇一年
佐野眞一『旅する巨人――宮本常一と渋沢敬三』文藝春秋、一九九六年
佐野眞一責任編集『KAWADE道の手帖 宮本常一』河出書房新社、二〇〇五年（増補新版、二〇一三年）
思想の科学研究会編『共同研究 転向4 戦中篇 上』平凡社、二〇一二年
下中彌三郎伝刊行会編『下中彌三郎事典』平凡社、一九七一年
谷川健一『日本の地名』岩波新書、一九九七年
『谷川健一全集11 民俗三』冨山房インターナショナル、二〇〇九年
『谷川健一全集21 古代・人物補遺』冨山房インターナショナル、二〇一一年
『谷川健一全集24 総索引』冨山房インターナショナル、二〇一三年
遠山茂樹・今井清一・藤原彰『昭和史』岩波新書、一九五五年
徳永直『太陽のない街』新潮文庫、一九七〇年
長塚節『土』新潮文庫、一九五〇年
中村政則『日本の歴史29 労働者と農民』小学館、一九七六年
中村政則・森武麿編『年表 昭和・平成史一九二六―二〇一一』岩波ブックレット、二〇一二年

日本観光文化研究所編『あるくみるきく』一〇〇号「特集 にっぽんぶらぶら」日本観光文化研究所、一九七五年
野村純一・宮田登・三浦佑之・吉川祐子編『柳田國男事典』勉誠出版、一九九八年
畑中章宏『先祖と日本人――戦後と災後のフォークロア』日本評論社、二〇一四年
細井和喜蔵『女工哀史』岩波文庫、一九八〇年
松谷みよ子『現代の民話――あなたも語り手、わたしも語り手』中公新書、二〇〇〇年
松原岩五郎『最暗黒の東京』岩波文庫、一九八八年
柳田国男編『日本人』毎日新聞社、一九五四年
柳田国男『遠野物語・山の人生』岩波文庫、一九七六年
『柳田国男全集26』ちくま文庫、一九九〇年
『柳田國男全集29』ちくま文庫、一九九一年
柳田国男『新版 遠野物語』角川ソフィア文庫、二〇〇四年
横山源之助『日本の下層社会』岩波文庫、一九四九年

【著者】
畑中章宏（はたなか あきひろ）
1962年大阪生まれ。作家、編集者。日本大学芸術学部講師、多摩美術大学美術学部講師。著書に『日本の神様』（イースト・プレス）、『災害と妖怪――柳田国男と歩く日本の天変地異』（亜紀書房）、『ごん狐はなぜ撃ち殺されたのか――新美南吉の小さな世界』（晶文社）、『先祖と日本人――戦後と災後のフォークロア』（日本評論社）、『柳田国男と今和次郎――災害に向き合う民俗学』（平凡社新書）などがある。

平凡社新書774
『日本残酷物語』を読む
発行日――2015年5月15日　初版第1刷

著者――畑中章宏
発行者――西田裕一
発行所――株式会社平凡社
東京都千代田区神田神保町3-29　〒101-0051
電話　東京（03）3230-6580［編集］
　　　東京（03）3230-6572［営業］
振替　00180-0-29639
印刷・製本―図書印刷株式会社
装幀――菊地信義

© HATANAKA Akihiro 2015 Printed in Japan
ISBN978-4-582-85774-0
NDC分類番号380.1　新書判（17.2cm）　総ページ232
平凡社ホームページ　http://www.heibonsha.co.jp/

落丁・乱丁本のお取り替えは小社読者サービス係まで
直接お送りください（送料は小社で負担いたします）。

平凡社新書　好評既刊！

294 サンカと三角寛 消えた漂泊民をめぐる謎 礫川全次
サンカとは何か。これまでに語られたサンカ論の系譜を辿り、その謎に迫る。

460 『遠野物語』を読み解く 石井正己
物語誕生から百年。不思議な霊異譚の背景に秘められたものを解き明かす。

503 折口信夫 霊性の思索者 林浩平
最新研究に新知見を加えながら、折口という存在が発生する過程を捉える意欲作。

598 菅江真澄と旅する 東北遊覧紀行 安水稔和
民俗学の祖・菅江真澄とは一体何者だったのか。その足跡を辿り、再び東北へ。

615 柳田国男と今和次郎 災害に向き合う民俗学 畑中章宏
災害を原体験にもつ二人の軌跡から、知られざる民俗学の淵源をたどる。

675 犬の伊勢参り 仁科邦男
犬が単独で伊勢参りをする。江戸後期から明治にかけて本当にあった不思議な物語。

704 神社の起源と古代朝鮮 岡谷公二
渡来人の足跡をたどることで原始神道の成り立ちに迫るスリリングな旅の遍歴。

735 谷川　雁 永久工作者の言霊 松本輝夫
「沈黙の一五年」の謎を含め、曲折に満ちた生涯、その実践の数々を描く。

新刊書評等のニュース、全点の目次まで入った詳細目録、オンラインショップなど充実の平凡社新書ホームページを開設しています。平凡社ホームページ http://www.heibonsha.co.jp/からお入りください。